越痛快花錢
越能把錢留下來

U0027489

不想降低欲望
還想實現未來？
你只需要三個帳戶

財務建築師
顏菁羚 著
Lidia

越痛快花錢，越能把錢留下來

越痛快花錢，越能把錢留下來

別讓「財務自由」淪爲口號，這回你該認眞執行

　　談到理財，多數人想的都是如何投資才能讓錢變多；卻鮮少有人想到該如何守財，不讓錢變少，以至於財富水庫雖時有進帳，卻因為各種漏財行為而入不敷出。

　　在「金錢整理營」中，Lidia 和我見過許多工作 N 年，仍不清楚自己究竟有多少資產、多少負債的學員；也見過不少一心想買房，但總是存不到頭期款的學員，因為，他們總是大手大腳的把錢花在與買房目標毫不相干的事情上。如果在最基礎的「收支管理」階段就出了問題，無論你多會賺錢，錢都很難留在身上。當你連本金都存不到時，談投資置產便顯得不切實際了。

越痛快花錢，越能把錢留下來

淺顯易懂的「ABC 帳戶」，是「金錢整理營」中頗受歡迎的單元，專門治存不了錢的月光族，或僅能以龜速存錢的窮忙族和青貧族。只要運用負責每月支出的 A 帳戶、負責年度支出的 B 帳戶，以及用來儲蓄投資、被 Lidia 暱稱為「金雞母」的 C 帳戶，就能讓自己從透支走向結餘，從茫然走向篤定，然後將自己的雪球越滾越大。還能有比這更簡單的理財方法嗎？

　　如果你想讓資產增長，或至少減輕負債，請務必正視自己的收入和支出。你不妨開始記帳，弄懂金錢的流向，或是盤點自己的漏財行為，將它們一一革除。當然，你也可以透過 ABC 帳戶來好好管理這些攸關自己下半輩子的數字。與其每年都喊口號似地立下財務自由的願望，不如認真為這個願望做點事情吧！

　　—— 暢銷書《零雜物》作者、室內設計／居家整理／金錢整理課程講師

Phyllis

理財就是理生活

「理財就是理生活！」這是 Lidia 常講，也是讓我很有感觸的一句話，因為她直接點出致富的真正關鍵要點。

很多人都想追求財富自由，但往往都在蓋快速致富的空中樓閣：追求賺錢的明牌標的，追求投資買低賣高，追求預測市場走向……而這些人卻往往把自己生活搞得非常糟糕，財務管理也雜亂不堪。試想，即便是股神巴菲特也無法事前預測投資市場，他也會有看錯的時候，因此如果沒有穩健安全的投資策略，怎麼可能成功呢？

想要真正的財富自由，第一步是先把自己生活打點好，讓自己的財務井然有序。當你能每月存下錢、不

月光，每年持續有錢投資，讓投資部位的雪球越滾越大，這才是每人都能辦到的財富自由之路。

很開心 Lidia 能出這本書。我相信這本理財書能幫助你理財，也能理好你的生活，成功踏出財富自由第一步。

而這同時也是一本很特別的書，因為它打破許多人對財務管理的迷思：以為記帳就是理財。但事實上，你不需要辛苦的一筆筆記帳，透過簡單有效的方式，就能讓你輕鬆打理財務，邁向財富自由的人生，而所有的祕訣 Lidia 已經無私的寫在書中了，現在只差你願不願意挖出裡面的寶藏，並付諸行動了！

—— 暢銷書《知識變現金》網路經營術作者／人生CEO 私塾創辦人／斜槓醫生

小吳醫師

投資理財是錯誤的倒敍，
理財才是基本功

現代人追求投資理財的成果已幾乎變成全民運動，尤其是對苦惱於薪資成長停滯不前的人來說，投資就像盞明燈，透過投資提升存款數字來解決財務困境的期望，吸引眾人投入。

在教學的過程中，會發現大家對於「投資」似乎有些誤解，像是想利用投資解決自身的債務、或是沒錢但想透過信用貸款借錢放大資金，企圖在股市中賺到更多的資本等。這些人打的如意算盤是：借信貸也不過只有 2％ 以下的利息支出，但股市一日漲幅就有機會來到 10％，最差狀況就算只領股息好了，滿坑滿谷的高殖利率隨便也有 6％ 數字，要支付貸款利息輕輕

鬆鬆。

真的如此嗎？若事情有如此簡單，那為何金融機構不自己來就好呢？事實上，只看到利潤的美好而刻意忽略風險的危機，完全是行不通的。簡單來講，漲跌是正反兩面的事，會漲 10％也意味著會跌 10％；而高殖利率股 6％的殖利率也必須要填息才算數，更何況領到股息後還要被課徵綜合所得稅與健保補充保費，真正落入口袋的金額恐怕跟你想的不一樣。

而投資的前提必須要先建立「理財觀念」，透過盤點資產、釐清收入來源、界定財務目標，進而推估達成目標所需的報酬率與時間，之後再進行投資，這樣心裡才會踏實篤定。也因為理財的重要性必須先於投資，故我常跟學員說：「『投資理財』是錯誤的順序、應該要『理財投資』才是正確的。」

Lidia 專注於協助投資朋友進行金錢整理的工作，其實就相當於在專注私人財務健診的領域，有些學員原以為自己的財務狀況很健康，但在做完健診後才發

現自己的缺口與投資的目標搞錯了；也有些學員以為自己這輩子都無法達成財務目標，健診後發現原來自己只要修正一點投資目標，就可以在退休之際完成理想。這就是財務健診的功能，透過第三方的公正角度來協助達成理財目的。

這本書裡面 Lidia 揭露了 ABC 帳戶的用途與各種財務檢診的技巧，只要按部就班並跟著檢視自身，相信也可以獲得良好的健診效果。你有為財務焦慮過嗎？你有跟家人或另一半好好的檢視財務狀況嗎？又或者是投資了多年卻發現一無所獲，那你更應該看完這本書，或許需要的答案不在投資裡而是在理財中。

—— 暢銷書《躺著就贏 人生就是不公平》作者／財經部落客／投資達人

股魚

越痛快花錢，越能把錢留下來

不只教你理財，
本書更是你的財務建築老師

跟菁羚老師的緣分，從國中就開始了。國三因為能力分班，一起度過了一年準備聯考的同窗歲月。想不到，之後在職場上，竟然又碰頭了！在寶來證券，和菁羚成為了同事，一起在證券業服務了好幾年。

但我們兩個對於當時金融業的氛圍，一直感覺有點怪怪的。公司評估業績的方式，是以成交的「手續費」收入作為最重要的指標。在這種制度的設計下，自然而然的，不論是在股票、基金、或者各種衍生性金融商品，都會希望客戶能夠盡可能的「進進出出」做短線交易。

然而，這跟我們熟悉的投資心法「選對標的、分批買進、長期持有」的邏輯，完全背道而馳。因此，我們接連離開了證券業。後來菁羚投身進財務建築師的領域前，我們還曾經討論過彼此心中對「理想財務規劃樣貌」的想法。

　　傳統金融業，雖然也有很多號稱「理財專員、理財顧問」的專業人士，然而，一樣受限於獎勵制度的設計，很難真正的協助客戶，建構正確的財務操作模型和建議。唯有跳脫這種制度，才能超然的，教育客戶正確的理財觀念和做出最適切的財務決策。

　　在本書裡，可以發現到菁羚老師的用心，如何將這麼多年的財務規劃心得，用淺顯易懂的實例，清楚說明。所謂的財務建築師，必定要先有地基的正確觀念，將個人的財務目標清楚的列出來，才能一層一層的，利用各種金融工具，堆疊出整個架構，最後朝終點目標前進。

　　你可以說，這是一本理財的工具書，亦或，它就

是你的財務建築老師！用系統性的圖表和實際案例，搭配一步步的操作教學引導，讀起來一點都不艱澀生硬。將複雜的理財觀念，用深入淺出的案例方式，清楚的引領讀者，進入理財規劃的世界。

地基觀念一旦打穩了，後面一層層蓋房子的過程，就會非常的順手。相信您讀了以後，一定也會有這種感覺，原來理財不是一門艱深的學問，它應該是生活的一部分，應該是每個人都要具備的基礎技能。誠心的推薦本書，裡面很多有用的觀念和技巧，或許能夠大大的改變你的人生。

—— 俬儲空間迷你倉／比特空間加密貨幣礦場／
Bitaverse NFT 創辦人

廖承中 MELVIN

理財，是幸福的起點

曾有句房地產廣告詞是這樣說的：「**家**」是幸福的起點，而你心中的家是什麼樣子？

如果說房子代表家庭形而上的樣貌，那家庭財務就是形而下的真實體況，我會說：「**理財」是家的起點，而你心中的幸福是什麼樣子？**

弄好家庭財務並不會比經營公司輕鬆，反而有時有許多的不得已，或不得不的財務選擇，比如想讓孩子受更好的教育，卻擠壓到其他財務決策；或是辛苦多年累積資產，卻碰上風險而不得不中斷投資去填補缺口；更糟的狀況是，有可能在財務已經瀕臨崩潰的同時，身體或資產接連出現意外風險。

這是每個家庭都會遇到的狀況，也因此讓許多人熱中理財、熱中投資課程，卻離當初想把財理好的目標越來越遠，為什麼呢？因為多數人的理財模式只圍繞在學習投資方法、找尋投資標的，卻忽略基本的財務管理，大家拚命的在「果」上努力，卻忽略應先從「因」去著手。

而現今的理財書籍確實也少了討論這些理財實務課題的書，來教我們該如何清楚的掌握家庭的財務資訊，這也是為何我會推薦本書的主因。

想做好理財請先從本書出發，書中沒有太多學術或文謅謅的文字公式，給你的全部都是馬上可以落地運用的方法；當把財理好，未來任何投資機會都有如虎添翼之效，如此妙用的財務管理之術一定要學起來！

—— 暢銷書《80% 求穩、20% 求飆，低風險的財富法則》共同作者／投資達人

鄭傳崙

自序

以前覺得「錢夠用就好」，
後來才發現，
我對「夠用的錢是多少？」根本沒概念

平常忙講課和諮詢，跟我互動的學員很多，他們最常問我的問題就是：「菁羚老師，你跟傳崴老師都不用上班了嗎？你們財務自由了嗎？」

其實幾年前，我們也曾是焦頭爛額的金融業上班族，那時薪水雖然高，但壓力很大，不但身體沒顧好，孩子也照顧不來，只能丟給爸媽帶。人生就像陀螺一樣一直轉個不停，雖然賺到了錢，但卻是高薪月光族，內心非常匱乏，每次消費都用犒賞自己的心態，買再多東西都覺得不夠，每天追著錢跑，跟現在的狀態截然不同。

如今我 42 歲了，就我這個世代而言，我的資產加上通貨膨脹調整後，還不到我們父母輩在同年紀時的一半。再加上付不完的學貸、房貸和車貸，剛入社會或者結婚後的我們，光是清償債務，就要花好幾年，更別說真正開始存錢。

不難理解，如果再按照同樣的模式生活下去，即便再過 30 年，我可能還是存不到足夠的退休金。很多理財書會建議你至少存下收入的 10% 來推動退休計劃，但是你知道嗎？有許多人一年甚至無法存到 3%，真應驗了臺語那句形容生活捉襟見肘的俗諺：「生食都無夠，哪有通曝乾。」（國語：生吃都不夠，哪夠再晒成乾存著吃）

換句話說，我們大多數人永遠不能退休！

之前我去日本旅遊，就親眼見到一位 7-11 的店員，是個至少 70 歲的老爺爺，不但需要搬貨、結帳、還得做很多雜事，看了實在太震撼！我在想，每個人雖然都有權利過自己的理想退休生活，但應該不是眼前

的這幅景象吧！

聽到這裡，是否覺得很驚訝？你還記得新冠肺炎帶來的狀況題嗎？越來越可怕的病毒、政府政策與氣候變遷，會怎麼影響我們的未來？30 年後，我們現在引以為傲的全民健保還在嗎？你我有能力支付越來越貴、但不能沒有的醫療保險嗎？

當你單身時，你可能還能見招拆招，容忍一、兩次失敗，但是萬一你結婚生子了，這些突如其來的風險，是不是有可能變成你家庭中的地雷？

我發現，做好這個社會教我「應該」要做的事，比如說乖乖上班、好好繳納勞健保，並不能為未來帶來足夠的保障，甚至無法讓我在退休時過上理想人生。

還有，過去我當證券營業員的時候，每天請客戶買來賣去的交易股票，拜託客戶捧場公司要募集的新基金，或是背下並轉述自己都不太認同的銷售話術內容給客戶聽，目的就是要讓客戶因為信任我而購買，但最後受傷最慘重的往往是這些對我投以信賴的客戶。

最終，客戶的資產並沒有因時間的積累而增長，我也因為沒時間打理自身的財務，到最後發現自己雖然領著高薪，卻沒有足夠的錢繳交年度保險費。而且在金融業光鮮亮麗的外表下，很多時候都還要硬著頭皮撐場面，這些讓我每天都不快樂，每個月都在生病。

這是什麼世界？

當下，我做了決定，我不該一直活在這個社會教我該做的事情中，而是應該要開啟對未來的想像，我要「活在未來」！我開始想，自己未來的理想人生應該是什麼模樣？我要過一個，自己說了算的人生，這樣回推回來，從現在開始我做的每一件事，都應該朝自己未來理想生活前進，包括我的職業生涯。

當時的我，幾乎將工作整個砍掉重練，換掉過去的模式，離開金融業，一切從零開始。我從「金融商品推銷」轉換成「顧問式諮詢」，對於金錢的看法、價值觀，也有了很大的不同，我發現這是我頭一次靜下來，好好的把自己的人生想得這麼的透澈。

我轉而開發多元的工作收入以及理財收入，慢慢建構自己的財富水庫，同時減少不必要的欲望，把生活過的越來越簡單。這樣的開源節流在剛開始時其實很不習慣，有些痛苦，但，這就是人生，不是嗎？如果你做的事情都一樣，又怎能期待出現不同的結果？

　　如果，我們能從現在開始，面對每一個契機，都做出正確方向的調整，那麼當未來到來的時候就會是好的，也會是我們想要的。

　　話說回來，你認為什麼是「財務自由」呢？

　　這個市場一直灌輸我們一個奇怪的觀念，好像「財務自由」就是「想買什麼，就買什麼」，又或者可以用金錢換到更多的時間，產出更多有價值的東西，然後再換到更多的錢。

　　這完全是錯誤的。

　　在我離開金融業的前一年，才開始拜師學習真正的「財務規劃」跟「財務管理」。過去的我雖然是高收

　　　　　　　　越痛快花錢，越能把錢留下來

入族群，卻沒有存到什麼錢，是個妥妥的高薪月光族。所以，一開始學習財務規劃，其實是為了要用在自己身上。說來好笑，你可能會認為身在金融業的我，怎麼可能不會理財？

別笑我，我還真的不會！我會的只是一堆金融商品的知識，但這不代表我能先把自己手邊賺進來的錢打理好，然後再投入這些金融商品。就算投入了，我也未必能滾雪球式的越累積越多，反而是改不了殺進殺出的習慣，最後常常變成搓湯圓，把錢交易到沒有為止，然後跟老公不管在消費、投資上，完全沒共識，天天吵架內耗。

當時，我的兩位財務規劃導師是一對夫妻，已經在金融業待 20 多年了，但是在 17 年前，他們就開始往財務規劃的這個領域發展。我是在 2014 年認識他們二位，當時他們已經財務自由，我的老師每天在新店華城特區上跑步、游泳，到處參加三鐵，偶爾在跑步的時候被華城特區山裡的猴子追著跑。

而師母就負責處理財務規劃個案的大小事，夫妻倆偶爾開開課，讓想要學習財務規劃的金融從業人員能夠得到他們的真傳，而我，就是那幸運的其中一人。

你知道嗎？影響財務自由的三大因素很簡單，只有下面三個：

1. 你過去累積的存量財富有多大？

2. 你未來錢生錢的速度有多快？

3. 你對物質的欲望有多大？

其中決定性的因素，是第三個！

以前，我以為財務自由，是想買什麼就可以買什麼，所以在金融業工作收入很高的時候，也很會買，但是買完就只有二個字——

空虛。

反倒是經過這幾年腦袋思維的調整，做法也跟著改變之後，財務自由給我的感覺是一種安全感。我後來

越痛快花錢，越能把錢留下來

知道金錢本身並沒有意義，它其實是一種媒介、一種價值、能量的轉換，可以幫我們完成理想，實現希望。

達到財務自由，只是人生的一個里程碑，它不代表你的人生就此高枕無憂，一帆風順，人生還會有許多其他課題來考驗你，只是有了財務自由，你可以有比較多的時間去應對那些課題。

怎麼做呢？我認為大道至簡，每個人都只要做到兩件事就好：「把自己的金錢整理起來，做財務規劃」，以及「使用指數型基金（ETF）來投資」。

9.4% 的年化報酬率，可以讓任何人累積財富，滾出自己的雪球！

「使用 ETF 來投資」指的是，在投資時，我們可以把多數的資金投入全球布局的 ETF 或是基金（股票及債券），享受全球經濟成長的果實，而不用擔心少數公司或是產業的興衰，長年平均下來可以持續的獲得 6% 的報酬（含息近 8%）。你可以根據可預期的報酬率和目標，決定資金的投入，穩穩的達成自己的財務自由。這段期間，就算你遇上像 2008 年的金融風暴，因為分散風險及良好的資金配置，你一定可以睡得很安穩。

除此之外，還可以提出 20% 左右的資金，投入景氣循環谷底的產業。因為以產業來看，一定是高峰和谷底輪替，這樣做很容易賺到成倍的財富。如此在風險不增加太多的情況下，將報酬率大幅提升（此部分投資的年化報酬率大約是 15%，綜合起來，可以讓整體的投資報酬率達到 9.4%）。

什麼是年化報酬率？

談年化報酬率之前，先了解什麼是投資報酬率。簡單來說，就是投資獲利相對投入資金的比例，但是不同的投資獲得報酬的時間有長有短，若是都以1年為單位基準來判斷，就可以看到孰優孰劣了。

這個概念的整個作法，我已經在上一本著作《80％求穩，20％求飆，低風險的財富法則》裡說清楚了。而本書，就是要回過頭來說「把自己的金錢整理起來，調整好財務體質，投資之前先做財務規劃」的這件事。

馬上看《80％求穩，20％求飆，低風險的財富法則》

　　　　　　　　　　　越痛快花錢，越能把錢留下來

現在，就請你跟著我一起學習，準備迎向財務自由、豐盛的人生吧！

CHAPTER
1

財務規劃
是有錢人才需要做的嗎？
▼
不，每個對未來有想法的人都應該規劃

⋯⋯⋯⋯⋯⋯⋯⋯⋯⋯⋯⋯⋯⋯⋯⋯⋯⋯⋯⋯⋯⋯

　　來想個實際的問題，從現在開始的餘生，你會需要多少錢來生活？如果你從來不曾開始規劃，那你怎麼會知道要花多少錢？要從何算起？要存多少錢、努力到何時，才能盡情花錢呢？現在做的這些準備、買的金融商品，到底能不能讓我們現在夠用，未來退休後也夠花呢？這些其實就是財務規劃喔！

除非定下明確的目標，否則時機不會爲你而來

關於目標，我喜歡設定大方向即可，這樣能發揮的空間比較多，也不會綁住自己。

不只是要設定方向，還要列出如何執行的細節，否則只是空話，沒有實現的一天。

人們似乎習慣等待，例如：

★ 等美國總統選完，我再進場投資好了。
　（結果還沒選完已經漲成那樣。）

★ 等工作比較不忙再來整理財務好了。
　（結果無論何時，工作都很忙，孩子出生後，更是
　沒時間整理財務。）

★ 等疫情過去，我要好好的找份我熱愛的工作。
　（但是找喜歡的工作跟疫情無關吧！）

　　在 2020 年 12 月，我做了 10 件財務規劃的收費個案，每個來到我面前的人，都是不想要再維持現在這種找不到突破點的無力感，因為不確定感令人無所適從，而且每個人的擔憂跟焦慮都不一樣。

　　有的人已經要退休了，但不知道手邊的錢夠不夠退休生活，而手頭的投資有點混亂，想要做整理。

有的人收入很穩定，但就是存不到錢，還有一些負債，想重新理債再出發。

有的人在接下來的二到三年，需要做比較大筆的財務決策：像是買車、買房、投資自己的事業，生小孩等，不知道現金流量會不會不足，或者該怎麼安排目標完成的先後順序會最安全有效。

有的人想減少工作的時間，因為家中有親人生病需要照顧，但也想準備未來親人會用到的醫藥費，不知道是否能從全職轉為兼職。

還有人從去年猶豫到今年，才終於下定決心要好好的整理自己的財務。

這些人都有個共同特點：就是想要打理好自己的財務，這個足夠的「想要」動力，讓他們展開行動。

大多數人在設定目標的時候，都會用下面這種方式，例如：

越痛快花錢，越能把錢留下來

在今年，我要找個男朋友、找到我的 MR.RIGHT 終結單身、我要健身、要早起、要努力工作、升職加薪。

但真正具體的目標應該要這樣設定，將具體行動一併寫進去，例如：

「在二年內，我要約見 100 位男性。」把行動方針寫出來，才有可能往目標前進。畢竟靈魂伴侶是不太可能自己從天下掉下來的。

同理可證，如果你今年在財務上的目標是：能買房、買車、存退休金、子女教育費、付清房貸、財務自由……

那具體目標的第一步應該是：

在這一年內，找財務建築師顏菁羚，協助自己找到適合的財務管理模式，同時，算出全生涯財務模型，找到自己的財務地圖，建立財務 GPS 導航系統，如此一來，未來每一步要往哪裡去，該如何前進，都將會清清楚楚、明明白白。

財務規劃不是購買金融商品，而是指引，是你的人生財富地圖，也是想富足的人，該往哪裡走的GPS。

越痛快花錢，越能把錢留下來

CHAPTER 1.2

財務系統的重要性：
持續生存，並拿回生命主導權

習慣見招拆招，沒米再煮番薯湯的人，能自然營造理想中的未來。

有系統邏輯的人，才有可能將經歷化為經驗，解決問題，穩定迎向美好未來。

我想邀請你回想一下自己的人生。我們之所以懂得一些技能，用來工作和生活，都是因為我們從小就進入了教育體系，裡面包含國語、英語、數學、音樂等科目，而後我們從筆畫、字母、數字、音符學起，循序漸進，這才有了今天的我們。

這隱藏了一個基本道理：如果不曾系統學習過一件事，很難全盤了解，不易掌握，而且會做不好。

同理可證，我們為了整理好金錢，其實是需要一套系統化方法的。

觀察周遭的朋友及學員，我發現一般人可以分為兩種，一種人具有理財的系統概念，另一種人沒有理財的系統概念。所謂的系統是：將同類事物按照一定的秩序或關係，有條理的、有秩序的組成整體。

有系統的人，會一直打造自己的系統，透過系統去解決問題，如果解決不了，就去升級自己的系統。

越痛快花錢，越能把錢留下來

而另一種沒有系統的人，每件事都是從頭開始，習慣見招拆招，單點式的解決「全新問題」，但解決之後就不再理會，如此一來將無法累積經驗，因為對他們而言，每次遇到的問題都是「全新的」。

有系統的人，分析問題、解決問題都會有比較穩定的邏輯，碰到問題，也可以用自己的基本邏輯應對，所以有穩定的勝率解決問題。

而沒有系統的人，因為沒有穩定的邏輯，所以是否能解決問題，主要靠的是運氣跟福報。

有系統的人，會藉助系統回顧過去，呈現現在，並且「預見未來」，來發展自己對未來的應對之道，而財務規劃很大一部分就是在做這個。

沒有系統的人，無法回顧過去，也不知道自己現在處於什麼樣的狀態，更不能系統化的「預見未來」，所以日子過得迷迷糊糊。

	有系統的人	沒有系統的人
特點	具有穩定的邏輯，並能隨時修正、更新	不具章法，很難將經歷累積成經驗
面對問題	能用邏輯應對，對解決問題有穩定的勝率	靠運氣與福報解決問題
規劃未來	能藉由系統回顧過去，並規劃未來並執行	日子過得迷糊，無法系統化的預見未來，難以規劃

依照處事的性格，可以將一般人分成兩類人。

　　從以上論述來看，「系統」能幫我們理性決策，提高行動效率，不會因為今天心情不好就罷工。而財務建築師正是提供這樣的財務規劃系統，在迷航時可以攤開藍圖重新定錨，這就是系統的重要之處。

越痛快花錢，越能把錢留下來

何時我會需要系統性的財務規劃？

因為新冠疫情的影響，有的人最近可能被迫轉換工作，未來的收入將不穩定，面臨很大的變化。這時候，一般人的想法會是：等到一切都穩定下來，再來好好做財務規劃或安排，這樣好像比較有依據。

也有些人會跟我說，有錢人才需要財務規劃。這個觀念就像覺得健康的人才需要看醫生是一樣的道理，觀念完全錯誤，現在已經是科學理財的時代，如果可以事先預見自己的財務模型，發現未來有錢不夠用的問題，那麼現在就可以提前因應，而不是坐以待斃。特別在你的金流越不穩定時，越需要「完整的財務規劃」來衡量自己目前的財務能力，例如：

★ 我想換工作，如果不能騎驢找馬，多久內必須找到工作？

★ 我剛創業，但是遇到疫情衝擊，靠手上這些現金可以能支撐多久？

★ 我需要買車或買房，現在家裡的現金流能夠支撐嗎？

在收入不穩定的情況下，這些事情更需要事先評估，千萬不能等到「事情發生了」再來討論。

有人會跟我說：「我不用財務規劃，因為我現在的支出和收入都動不了，收入就那樣，支出也無法減少，而且也都剛好，這樣算是收支平衡了吧？」乍聽似乎很有道理，但是在我的經驗裡，這些他們口中無法減少的開銷，如果能讓他們看到自己未來現金流量的變化時，大多數人，都可以瞬間針對某些支出項目，大幅刪減，因為看見全貌，知道什麼才是最重要的。

除了評估轉換工作所需要的時間，手邊的財務資源能支撐到哪裡，還有如果轉換工作之後，收入至少應該要有多少，才能讓自己或家裡的財務計劃不被影響。像這樣擁有明確的目標，在工作的時候也會更有動力。

再者，如果轉換工作後，收入不如預期，對家裡或個人的財務會造成什麼影響，如果可以事先全盤「預見」，把未知變成已知，從現在開始做一些調整跟準備，並盤點資源，那你還會焦慮嗎？

最近，我也針對新的退休跟稅務的內容在做進修跟學習，以前覺得談退休離我好遙遠，但現在感覺越來越近了，越早弄清楚自己的財務，直面它，找出對策，面對未來就不會不安了。

每個人都有理想的生活跟財務目標，有的人想買房，有的人想換房、換車、旅遊等，其實在每個人的人生目標背後，都有真正的價值觀存在，例如：「想要升職加薪」的背後，其實是想要「做著有價值的工作，得到很多人的認可和尊敬」。

目標為結婚生子，代表著想要「付出很多愛，也得到很多愛，體驗到愛的珍貴與溫暖」。

努力的考到榜首，其實代表想「精通專業，並且成為這個領域中的箇中高手」。

而你想要換大房子，要的並不是房子本身，而是想要一個體會愛與溫暖的介質；而豪華車子也是個介質，真正想要的是家人一同出遊，擁有在車上快樂的時光與回憶。

有足夠的錢，讓自己跟喜歡的人在一起，做喜歡的事，在喜歡的地方生活，這是每個關於錢的目標背後的真正目的。

但在你還沒擁有心目中足夠的錢時，你還是可以好好的把握你和親朋好友，孩子，家人，老公相處的每分每秒，因為體驗這些愛與溫暖，才是最珍貴的。

成為一個內心豐盛富足的人，了解自己，讓你的人生走在正確的藍圖上，能夠不用花太多時間，輕鬆不費力的就把投資理財和財務管理做好。這樣，多出來的時間就能去做其他人生中也很重要的事，這才是你要的對嗎？

關心你愛的人及愛你的人，將時間用在他們身上，對我來說是非常值得，畢竟「關係」在我們生命中，才是一輩子都需要修練的課題。

做好財務管理和投資理財後，生命才會有餘裕和餘力去做那些我們喜歡做的事情、去關心我們心愛之人，也才能不枉此生，活出最燦爛的自己。

財務目標是什麼？
你會亂買，是因為不知道錢要用來做什麼

財務目標的最終目的是不斷累積財富。

財務目標的最終目的是勾勒出你未來理想生活的願景。

越痛快花錢，越能把錢留下來

自從學了網路行銷之後，才知道原來有「再追蹤」這種功能，例如你在網路上點了一個行李箱的介紹，從此之後，你會發現你無論逛到哪個網頁都會看到這個行李箱廣告，第一次看沒買，第二次看沒買，第三次手一滑就會買下去了。

臉書也是一樣，你常關注的社團或者是粉絲專頁，時不時的就會跳出來到你的面前。我後來仔細的觀察了一下自己的，跳出來的大部分是學習類的線上課程，或者是書籍類的介紹。

有陣子，我迷上看人家在 FB 上賣牛肉、賣海鮮，感覺好像去夜市看人家在叫賣，每個都喊到沙啞又激動，但沒有一次是我真的把東西買回家吃。原因是，如果要買食物，我還是喜歡去現場買，只是在我的「金錢整理行動營」裡面，我發現有的人就真的會盯著直播然後買買買。

我的金錢整理行動營升級了！掃碼領取大禮包！

財務整理的目標不是錢，而是整理出你未來想要的樣子

在我的 ETF 行動營裡面，大部分的同學會責備自己亂花錢，但其實如果你看過《找到你的為什麼》這本書，你就會發現，我們常會做出自己都覺得不好的決定，例如：亂買東西，喝手搖飲，讓生活中充斥著一堆拿鐵因子等，這都是因為我們沒有長期目標，沒有你自己的「為什麼」。

例如想像一下：

★ 十年後的你，會是什麼樣子呢？

★ 十年後的你，年收入是多少？從事什麼樣的工作呢？

★ 十年後的你，住在什麼樣的地方？

★ 十年後的你，身邊有什麼樣特質的好友呢？

★ 十年後的你，在做什麼事？為什麼要做那件事？怎麼做才能實現？

什麼是拿鐵因子？

這是由暢銷理財專家大衛・巴哈所提出的名詞，生活中那些非必要卻一再支出的行為，就稱為拿鐵因子，過多的拿鐵因子是讓我們漏財、遠離財富自由的原因。若是能把那些拿鐵因子轉為長期投資，就能運用複利造就巨大財富。

以前，我還是上班族的時候，這些問題我從來沒有想過，只知道要升職加薪，甚至因為年輕，想不到十年後這麼遠的事，眼前這個月的業績都快無法達標了，哪還能想到以後。後來發現，我的人生，似乎陷入無止盡的追趕以及被追趕。

但自從自己創業以後，或許是有了時間可以思考、或許是自己大量在學習、也或許是終於懂得財務規劃，

知道所有的事情都要從整體且全面性的去做計劃，先架構出理想框架，然後再隨著時間、行動，慢慢的一步步落實實現。

財務、事業、健康都是如此。

一位參加完「金錢整理營」的同學說：

最大的收穫就是，原來我擁有的收入很多，但實際看到的卻只有一點點，這讓我明白自己真的花太兇了，也才發現，原來我擁有的資產有這麼多！我之前都沒有注意到，因為都只看鈔票而忽略了其他資產。

很酷的是我現在懂得運用 ABC 三帳戶管理法了，過去我的存摺太多，現在減量成三本，看到的金額更多。我意識到自己漏財，所以決定刪掉購物 APP，退出購物社團，這樣才不會想去逛。

你發現了嗎？沒有數據化、沒有理想框架，你永遠也不會知道自己現在處於什麼樣的財務狀況裡。

目標：就是無論如何都要做到的事

所謂的「目標」除了是執行方向，還是個需要明確知道得在多長的時間內，付出多大的努力、投入多少的資源，才能達成的結果。財務規劃其實說穿了就是在做這件事。

小時候看到《愛麗絲夢遊仙境》裡有一段她與柴郡貓的對話：

愛麗絲：「請你告訴我，我該走哪條路？」

貓：「那要看妳想去哪裡？」

愛麗絲：「去哪裡都無所謂。」

貓：「那麼走哪條路也就無所謂了。」

這個故事告訴我們：人需要目標。如果你連自己要去哪裡都不清楚，那麼別人即使想幫也不知道要怎麼幫，再厲害的導師也無法幫你指出明路。

在創業的這幾年，我發現好多事情的原理是相通的，目標不明確，便混沌度日，例如有人學習網路行銷，但是不知道自己要達到什麼境界，找不到定位，所以一直無法產出結果。

有人想成為財務建築師，但因為搖擺不定，無法下定決心，一年又一年的過去了，依然沒有改變，依然痛苦焦慮著。

有人學習投資理財，雖有明確的財務目標，但卻沒有清楚的計劃及目前適合的方法，導致最後所有的目標都變成了「假、大、空、全」。

★假：目標只是一時的跟風設下來的，並不是自己真正想要的。

★大：目標超出能力範圍。

★空：沒有對目標做拆解，無法落實到計劃。

★全：貪多嚼不爛，什麼都想要，什麼都沒得到。

所以你首先要做好的是目標管理，而在理財上的目標管理是什麼？接下來的章節中，我會以 ABC 三帳戶和財富水庫的概念來告訴你。

最近收到一些回饋，讓我的幸福感不斷增加，就像下頁起這兩封來信一樣！

Lidia 你好：

我是 ETF 挑戰營第 9 期的學員。首先，非常感謝妳創立「菁羚讀書會」社團，且每天「讀」書給我們聽。10 年前我也曾經有這本書《有錢人和你想的不一樣》且讀過它，然而在聽你一邊讀書，我一邊進行反思時，才意識到這本書對我影響深遠。

回首過去 10 年，幾乎我所做的重大投資決策的背後，都來自這本書的概念。

即便我沒有刻意按表操課，然而現在我們的資產的確是正成長，難怪這本書能夠歷久不衰。我也非常認同妳所言「道為中心，術為表」的理念。中心思想若不正確，即便賺到錢也是偶然；中心思想若正確，賺到錢是必然且可長可久。

現在，每天聽妳讀書，就是幫自己建立正確的中心思想，每天也都有新收穫。我今天學到的金句是「成為內心豐盛富足的人」，再次感謝妳！

越痛快花錢，越能把錢留下來

第二封信則是前不久，我跟傳崙老師替另一位學員做了年度的財務檢視後，她就開始在寫她的投資日誌了。並且我看到她與老公在財務規劃後，那種達成共識，一起努力的感覺，實在是很棒。

　　以下是來自於她在做完年度財務檢視後的反饋：

　　寫在 2020 年 5 月財務健檢之後，我才明瞭其實人性真的很困難，不過好險，我已經走在了解自己的道路上。

　　從 2016 年剛開始接觸理財書籍時的入不敷出，到 2018 年下定決心找 Lidia 進行財務諮詢，擬定帳戶 ABC 計劃，待今年再次財務盤點，發現我雖然沒有市面上嚇死人的獲利 100％，卻有跟著市場報酬的穩健成長，那種安心踏實的感覺更適用於普羅大眾。

　　書上總說大部分的財富都是存出來的，這句老話一點都沒錯，只是大家嫌它過時不吸睛，但確實如此，我很慶幸在我邊工作邊養孩子的忙碌生活中能遇上

Lidia，讓我可以用最省時、有效率的方式，擬定目標計劃，這樣，我只需要單純的維持紀律，把時間留給家人，就能朝目標前進。

我也承認，投資這件事，「知道」是一回事，「執行」又是另一回事。但這樣才有趣，因為你會在每次的過程中發現自己並非想像中那樣，不過都沒關係，只要有一個正派角色可以諮詢也不用擔心。

每個月我聽你們夫妻開講，總是很認真準備資料跟大家分享，我會要求自己在上架後三天內聽完，沒有全懂沒關係（大部分人的正職都不是投資），但是聽久有了基本常識就不容易去踩投資地雷。

最後想說的是，儘早弄清楚家中財務架構，擬定計劃真的很重要，不要再心血來潮東買西買亂亂買，時間要留給最有價值的事物上。

套用一下《賺錢，也賺幸福》的話：

主動投資你的人生，被動投資你的金錢

越痛快花錢，越能把錢留下來

Point：
財務規劃能幫助你看清現況、直視內心，勾勒出你未來想要的生活樣貌，同時它還能夠衡量你的財務能力，協助你擬訂計劃與實現的方法，這樣才能真正往夢想前進，而不是一直被現實羈絆住。

CHAPTER

2

你在財富金字塔中的哪一層？
▼
決定了你未來會過怎樣的生活

∙∙∙∙∙∙∙∙∙∙∙∙∙∙∙∙∙∙∙∙∙∙∙∙∙∙∙∙∙∙∙∙∙∙∙∙∙∙∙

　　在這個世界上，20％的人掌握了80％的財富，但是實際上，真實的數值比這更為殘酷，很多人都希望成為那20％的人。接下來和你分享關於財富金字塔的概念，也教你分析自己所在的位置。

什麼是財富金字塔？

覺得理財這件事離自己很遙遠，總覺得等有錢了再談理財就好。

「等待」對財務狀況沒有任何益處，不如直接客觀剖析，找到努力的方向。

財富金字塔顧名思義，就是像金字塔一樣的形狀，底層很寬，越上越窄，可以用來檢視、評估自己的財富狀況。財富金字塔分為 5 層，從下往上分別為第 0 層到第 4 層，看到這裡你或許要問，為什麼不是第 1 層到第 5 層，而是從第 0 層開始呢？

這裡指的第 0 層是指財務狀況還在地下室的概念，也就是說還在地獄裡尚未爬起來。從第 0 層到第 4 層分別是財務不穩定、財務穩定、財務安全、財務自由，以及財務豐盛。

4 財務豐盛

\# 實現自動理財機

\# 支付開銷、慈善後

\# 仍有不少剩餘收入

3 財務自由

\# 足夠的資產

\# 足夠的被動收入

\# 可支付自己渴望的所有開銷

2 財務安全

\# 有被動收入

\# 被動收入能應付基本開銷

1 財務穩定

\# 可支付 6 個月生活開銷

\# 有個人保險

\# 有穩健的理財方式

0 財務不穩定

\# 月光族

\# 無緊急預備金

\# 有卡債

\# 先花用還沒拿到的錢

越痛快花錢，越能把錢留下來

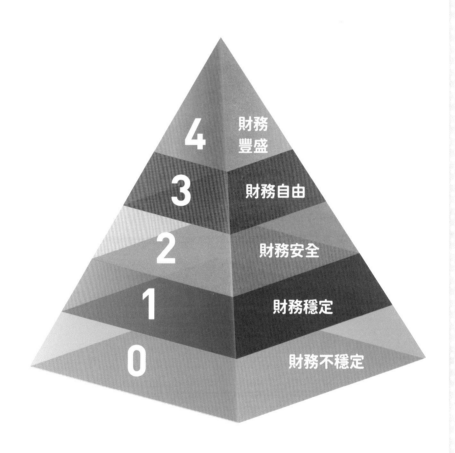

財富金字塔

越痛快花錢，越能把錢留下來

今天就帶你來認識財富金字塔的層級是如何界定和如何升級。

或許有人會擔心害怕，覺得自己的財務狀況很糟糕，不願意面對，總想著等有錢了再來理財，等收入高了再做研究。

經過我們前面章節的分享，我想很多人都知道，「等待」對自身的財務狀況沒有任何益處，與其逃避、不願意面對，不如直接去客觀的剖析現實狀況，從而找到努力的方向。

當我們專注在如何讓事情變得越來越好的時候，一切想要事物都會向你湧來，不斷的形成正向迴圈。

每一個人都有機會從第 0 層走到第 4 層，但如果你不知道自己在哪裡、應該做什麼，就會像無頭蒼蠅一樣，庸庸碌碌卻毫無結果。所以，先清楚自己目前的位置是非常重要的，一起來分析自己的層別吧！

0層人：金錢習慣不好，財務不穩定，手上有再多錢也會花光光

很多人的現金流，只能從發薪日支撐到下個發薪日，聽說現在不流行月光了，而是日光，領薪水的當天就付完所有上個月刷卡的卡費了。換言之，萬一失

0層人很重視當下的滿足與享受感，對金錢的危機感不足。

去工作或是遇上緊急狀況，比如說生病、車子壞了要修理、家裡冰箱壞掉了要換掉等，發生這類事情時，0層人往往沒有任何多餘的資金去應對，生活裡一點小風小雨，就會讓整個財務狀況翻船。

在我做過的這麼多件財務諮詢的個案中，0層人每個月賺來的錢，都會全部花掉，每個月都沒有剩下。當緊急狀況發生時，為了應付這些重擔，唯一的方法就是去借更多錢，如此一來，他們會自動增加很多財務負擔，而這些只會讓財務更困難，進入惡性循環。

0層人有一個共同的特徵，只要一有錢，他就會花掉，沒有錢就去借。在最缺乏金錢的這群人中，你反而會看到他們面對金錢的態度，是「錢都不是錢」的感覺，**他們最喜歡的消遣，就是購物。**

0層人一邊背負了不少債務，一邊將大把的錢花在買一些根本就沒有用的東西上，而且他們還會自欺欺人的告訴自己：「沒關係，錢再賺就有了。」他們以為只要自己努力工作，總有一天可以還清債務，問題

是，當一筆債務還清之後，新的債務又會生出來，所以沒有完結的一天。**他們以為一切的問題根本，在於賺的不夠花，但實際情況是，如果有更多的錢，他們只會有更多的支出。**

這裡最關鍵的問題，在於他們的「消費習慣」不良，跟 0 層人的收入多少，其實無關。

以前的我，曾經就在這一層，即便那時我的月收入高達十多萬，甚至還不斷增加，我卻只是相對應的花上更多錢，所以根本存不下錢。很多 0 層人的財務表面看起來很不錯，他們可能住在豪宅或開進口名車，但同時身上也背負了巨額的貸款，總是被還款弄得焦頭爛額，比如這個月沒有還，房子就要被查封，車子就要被拍賣等。

或許你會問：「**如何破解 0 層人的入不敷出呢？**」最根本的問題，是去扭轉心態，我們要對生活抱有期待，但得在支出上多問問：「我今天買的物品，是否是打從心底需要的？跟我未來要完成的目標有關係

越痛快花錢，越能把錢留下來

可以將想要的物品列入在一張購物清單上，並在購物前仔細思考：今天要買的物品真的是需要品嗎？會很常用到嗎？家裡有什麼東西可以替代呢？或許買二手的，或許用借的也可以⋯⋯藉此避免衝動消費，買到真的所需物品。

嗎？」問過自己之後，就可以防堵一些不必要的花銷，這樣才能讓錢真正花在刀口上。

其次，0層人得先開始學習正確的理財觀念，而不是等有錢了再學，因為不學的話，就會一直停在第0層。此外，你要負起債務的責任，要直接面對問題，而不是期待「**未來的你**」能幫忙「**現在的你**」解決問題。

越痛快花錢，越能把錢留下來

1 層人：財務穩定，開始打造現金流機器，創造「同財網」

「財務穩定」是最基本的財務水準，因為穩定可以給你某種程度的財務保障，這類人通常已經備有了緊急預備金（約 6 個月的生活費），同時有私人的商業保險，有能力可以面對風險。

當生病或者因意外失能時，即使是無法工作或是收入中斷的情況發生，本人以及家庭還能維持住經濟不會出現斷崖式的下跌狀態，可以保護自己及家人，不會因為少了這份收入使得家庭財務崩潰，正常生活不會受到太大影響。

同時，也因為有緊急預備金，每個人都會有足夠的時間和彈性來尋找新的收入來源，讓自己重新回歸到正軌。

那麼，1 層人會面臨什麼問題呢？

1 層人的問題是，他們的現金流都是被別人控制在手心裡的。

　　例如，1 層人的薪水通常是要靠公司或老闆提供，但是很多時候，我們會聽說某個公司倒了、老闆付不出薪水之類的新聞，而 1 層人如果遇到這樣的問題，馬上會面臨資金壓力。

　　尤其像共享經濟者或者打零工的人，需要持續工作才能夠維持生活。如果停止工作一段時間，立即就會回到第 0 層，想想還是很危險。

　　第 1 層，該如何破解呢？

什麼是共享經濟？

共享經濟是指，將社會上的閒置資源，例如家裡多的房子或房間、平常白天沒在停的車位、週間不常用的車子等，透過媒合，將這些閒置資源能夠有效率的分配給資源不足者。現在共享經濟已經演進到具有商業規模，例如 Uber，就是利用私家車載客，這樣可以收取乘車金，補貼收入，有跑就有賺。

處在第 1 層的人，應該要設立的目標是**讓更多的現金流量去轉移到資產去**，打造一臺自動印鈔機，如此一來，你的收入就不需要你付出過多努力了。一方面，你需要投資自己，例如繼續進修或學習一技之長，提升個人的能力以增強賺錢的能力；另一方面，當你有了現金流量時，千萬不要花光，一定要把賺到的錢留下來，把它布局至資產之中。

這時候，你還需要弄懂財務，培養穩健的財務狀態以及投資的技能，讓這些基礎壯大你的財務未來。

增加及管理資產工具有很多，例如房地產投資、股票組合、指數型基金等各式各樣的金融商品。如果你不學習不了解，那麼很可能發生的事情是：好不容易存下一堆錢，興沖沖的拿去投資賺錢，結果卻成了韭菜，被別人收割了。

此外，你要開始建立一圈「同財網」。同財網就是在你想要研究的理財項目上，建立同溫層，找一群志同道合的人相互學習探討。請記得 5 人平均值理論：

「你最常接觸的 5 個人，平均起來就是你自己。」這是近朱者赤，近墨者黑的道理。將這理論套用在理財上，你最親近的 5 個人的收入平均值就會是你的收入。去找到你所期待的朋友圈，還有你人生路上的導師吧！

加入我的社團，提高你同財網的平均值吧！

什麼是 5 人平均值理論？

　　這是美國知名企業家吉姆・羅恩提出的理論，我們必須時時審視人際關係，因為現階段花最多時間相處的 5 個人，平均起來可能就是當下的自己。例如，和一群愛爬山的人相處，自己也會變得愛爬山，但若是自己想去爬山，周遭卻都是懶得運動的人，久而久之自己也會變得懶惰。所以想做什麼事情，就去創造自己的同溫層，和一群想要學習理財的人相處，會大幅增長自己想要管理並增進財富的動機。

2層人：財務安定，累積被動收入

　　財務安定的概念是，在你充分累積資產後，資產開始產生的被動收入，剛剛好可以應付家裡每個月和每年的支出。

主動收入：

需要花時間和精力去賺的錢，例如工作，有工作才有收入，但一旦沒工作就失去收入了。

被動收入：

不需要花費太多的時間和精力，就可以擁有自動流進帳戶的收入，例如房租收入、利息或股利收入。

很多人曾以為這就是「財務自由」，我想說的是，
這並不是完整的財務自由。為什麼不是呢？因為這
時，你的被動收入只能剛剛好覆蓋基本的開銷。當你
達到這個階段，往往會開始想要更多。比方說，我每
個月需要 1 萬塊當基本支出，雖然被動收入每月也有
1 萬了，的確可以不工作，但是，能不能讓我的被動
收入變 2 萬呢？

在這一層，你將會變成一個投資人，你會專注在為
你資產增值的部分，並且建立你個人的財富淨值。

　　　　　　　　越痛快花錢，越能把錢留下來

2 層人的進階作法，是會開始從「資本利得投資」轉為「被動性現金流」，將結餘的現金流量用來投資。早期資產不夠雄厚時，大家都追求 100 萬要變成 200 萬，200 萬變 400 萬，但是，當你的資產達到一個程度之後，你會開始以保住本金為原則，並開始注重現金的流入。

在第 2 層，我們需要做什麼？

為了更合理的投資產生效益，你需要一整套系統性的技能，首先，你得先去學習。我出過一本《80％求穩、20％求飆，低風險的財富法則》，書中已將我從第 0 層爬到第 2 層的過程和方法，詳細寫出來了，感興趣的朋友可以去看一看。如果你覺得系統學習起來很費時間，那麼建議你尋找中立且不會沒有經過診斷就要你購買商品的理財顧問，或者你也可以 google 財務建築師，他們將給你完整且系統性的幫助。

《80％求穩、20％求飆，低風險的財富法則》

3 層人：財務自由，關注被動收入流

我認為，第 3 層才是財務自由，但是它代表怎樣的財務狀況呢？

當你累積了充足的資產，產生足夠的被動收入，用以支付自己渴望的生活方式和所有開銷時，就達到了財務自由。

那什麼叫做「渴望的生活方式」呢？

越痛快花錢，越能把錢留下來

比如說，你想不看價格的買東西，你想要一年出國4次，不用擔心錢包縮水，想要住五星級酒店也不用猶豫。總之，不需要去工作，你的被動收入也足夠支撐你想要的生活。

這必須建立龐大的資產基礎，如房地產、股票或者企業化等，當這些資產產生的現金流足夠大時，就可以實現財務自由了。這並不代表說你不會再去工作，而是你可以選擇自己想要的工作，選擇你的興趣和熱愛的事情，**因為你將擁有選擇的自由。**

在第 3 層，你需要關注哪些呢？

首先，要關注的焦點是穩定的「被動收入流」，或者說擴大資產布局，比如利用網路的創業，成本很低，而當有一天這些資產開始產生出現金流量時，就可以提供更多元的收入流。

其次，要去做符合自己的財產規劃，包括資產轉移、資產保全、稅務優化等。

4層人：財務豐盛，以錢滾出更多錢，為世界再貢獻

很多人說，第3層都已經財務自由了，還有什麼比這個更高嗎？確實有，就是第4層的財務豐盛狀態。這類人的自動印鈔機印出來的鈔票，除去每個月的各種花銷後，還可以剩很多。

也因為每個月都花不完，所以這個資產的本金一直在長大，因此會穩定持續下去。到了第4層，或許可以說真的是自由人生了，而且會很有成就感，你還可以不斷的捐錢。這個階段，也是你可以開始去尋找你想要的貢獻方式，回饋這個世界的時候。

這一層的重點，就不只是財務增長了，而可能會涉及到如何實現財富的傳承等。不過本書的重點並非在此，想要有相關的規劃，你可以找人諮詢，或者搜尋「財務建築師」得到相關資訊。

或許有的人現在還在第0層或第1層。有些0層人總會自嘲，只能向世界發出來自底層聲音，仰望金字

越痛快花錢，越能把錢留下來

塔上面的 4 層人，表示很羨慕他們的生活。

但是，這樣的行為對你本身沒有任何幫助，你的財富水準是你選擇的結果，這是你自己過去的行為和選擇造成的。相比於羨慕他人，自怨自艾，我們更應該注重如何去提高自己的財務能力，不斷的專注在提高自己的層級，現在開始改變，未來也會跟著不同。

你在哪一層呢？願我們每一個人，都能夠達到自己理想的財務自由，甚至財務豐盛階段。

0 層人：入不敷出，享受當下，即使有再多的錢也會花光。此層人應不要衝動消費、開始學習理財規劃。

1 層人：擁有緊急預備金和保險，但現金流掌控在別人手上。此層人應增強賺錢能力，學習投資，將現金流轉為資產，壯大財務未來。

2 層人：被動收入足以應付一般支出，轉型為投資人，為自己的資產增值。此層人應專注資產增值，將結餘的現金流量用來投資，創造更多收入。

3 層人：財務自由，可以開始無後顧之憂去做想做的事情，而不用擔心影響資產。此層人應穩定被動收入流，擴大資產布局，並做財產規劃。

4 層人：擁有花不盡的錢，資產一直增加，可以開始回饋社會。

財富金字塔各層人的特性

TASK LIST

行動清單

1. 寫下你覺得自己在第幾層？

2. 寫下你的財務目標。

3. 寫下你達到財務自由之後想做什麼事？

越痛快花錢，越能把錢留下來

Point：
每個人都有機會從第 0
層到達第 4 層，先面對
現實，分析自己目前現
況與位置，按部就班，
一層一層的向上，漸漸
的不僅能達到財富自由，
人生也能夠隨心所欲。

0 層人和 1 層人，改變現狀吧！勇敢一點或許就能突破

一年要賺 200 萬？這怎麼可能，別異想天開了。

勇敢告別窮習慣窮思維，才可能突破階級，迎接新生活。

越痛快花錢，越能把錢留下來

賺不到錢的極大原因來自「原生家庭」，很多習慣性思維都源於幼年時期的經歷。財務上，如果你還處在財富金字塔的第0層或者第1層，或許你的生活仍卡著很多窮習慣。

我曾經也在第0層和第1層之間徘徊了很久，透過學習和改變，清理自己的窮習慣、窮思維，一步一步走來，整個過程歷歷在目，想要分享給你，該如何清理掉自身的窮習慣呢？

找出窮習慣，一點一滴的清除它

既然我們對自己的現狀並不滿意，而且能夠看到原生家庭對我們金錢觀念的影響，那麼我們需要**有意識的改變觀念和想法**。

可是人總是喜歡待在舒適圈，不想做出任何改變，即使學習了很多的知識，卻依然不會有任何變化。過去的習慣和信念帶來了今天的結果，面對當下的結果

不滿意，又不願意做出改變，結局就是你無法獲得想要的未來。

該怎麼做呢？

1. 評估自己在財富金字塔的位置。
2. 對照前述的分析，明確當下有哪些方法和路徑，是行得通的。

比如說，你想要保有的行動跟習慣是哪些？你確認了自己有哪些窮習慣，讓你徒勞無功、讓你沒有自信，絆住你始終無法大步前進？

例如：每次一有大筆的獎金收入進來，就去買東買西，買這買那，買給家人買給自己，但就是忘了支付給未來的自己。

還有人在設目標的時候，光是想到一年要賺 200 萬的收入，下一秒會立刻想到的是：這有可能嗎？這也太難了，不可能啦！

越痛快花錢，越能把錢留下來

對！所以就永遠不可能。

還有人覺得有錢人的錢都是用不好的方法賺來的、有錢人都很小氣，都喜歡占人便宜，本身就討厭有錢人的人，自己怎麼可能會變成有錢人呢？

但有錢人真的都是如此嗎？

那這些世界首富為地球、為社會做出的慈善與貢獻，又該怎麼說呢？

很多時候，窮習慣對未來的影響非常深遠，就像如果我們平時不注重飲食習慣，一直隨意吃不健康、不營養的食物，經年累月，身體就會出狀況。

窮習慣也是如此，它們表面上看起來沒有那麼糟，甚至你都察覺不到，但是累積到未來 1 個月、1 年、10 年後，它的影響可能是毀滅性的。

身為股神巴菲特的最佳拍檔查理・芒格曾說：「如果知道我會在哪裡死去，那我將永遠不去那個地方。」同樣的，如果我們不想變成窮人，那我們就要先了解

怎麼做會變成窮人，然後我們就會知道我們不需要哪些窮習慣了。

窮習慣 Check 表

☐一有錢就想花，無法延遲滿足

☐不敢勇於嘗試與突破

☐看不起有錢人

☐總是負面思考

☐不注重個人成長

☐覺得自己懂很多，不需要學習新知

告別窮習慣，別讓窮神再附身，檢查自己有哪些窮習慣！

越痛快花錢，越能把錢留下來

改變大腦的習慣性思維：一次就做對

人類是很奇妙的物種，我們傾向從錯誤中學習，試錯學到的，比在成功當中學到的要多更多，是不是很奇怪呢？

但用錯誤的方式學習，就不會產生正面的記憶！比如說，我們傾向於記住不好的經驗，而且經常會允許這些不好的經驗，引導我們做所有事情。例如你曾經買股票虧過錢，然後你就告訴自己，千萬不要碰股票這個東西，它會讓人賠錢；定期投資也別碰，因為無論怎麼定期、怎麼投資就是會賠；更尤甚者，你認為自己買什麼都會虧錢，投資就是種賭博，十賭九輸，所以你就會告訴自己那些投資的產品都不要接觸。這就是負面的經驗。變成無限輪迴的刪除法，最後可能什麼也不剩。

其實你投資是有賺到錢的，但你卻忘記了，因為你只會記得那些不好的事。

父母的保守，只會讓孩子繼續待在他們待的階級裡

大多數的人會規避冒險，因為很多時候父母教育小孩時會教孩子如何避免風險。就像我們的父母，要我們從小好好學習，乖乖聽話，不要惹麻煩，盡量上一所好的大學，然後找一份不錯的工作，嫁一個好丈夫或娶個好老婆，接著維持婚姻和諧、生小孩、還房貸、存錢等，安穩過日子就好。

這就像一輛在下坡道的汽車，靠著慣性緩緩移動，很少人會去質疑這樣的方式有沒有問題，看似在動，但或許你已快墜入谷底了。

父母的教育並無不妥，畢竟在他們的觀念裡，遠離危險的行為是保護孩子安全的最好方式，或許我們的爺爺奶奶也是用同樣的方式和信念在教我們的父母，這樣的思想是一代傳一代的。

但是在祖父母那一輩的年代，可能曾遇上戰亂或者經濟大蕭條，是資金、物資都相對缺乏的時期，所以

越痛快花錢，越能把錢留下來

他們需要存錢以備不時之需，傳承下來，我們的父母因此都只會叫孩子要存錢，但是拿著錢要幹嘛，卻沒有說過。面對存到的錢，大多數人不知道怎麼辦，於是就簡單的做定存，或者放到號稱有高利息但實際上卻是詐騙資金盤的產品裡。

大多數的人，是不會拿著錢去冒險的，因為手頭上的錢已經很少了，如果我們持續按照父母的教育，一點錯都不犯的前進，我們也最終只能獲得跟父母一樣普通的結果，幸運的話，有機會進入中產階級，但壞消息是什麼？你就會一直只待在中產階級。

你將會一輩子為了錢努力工作，正常的繳納保險等，過著平凡的生活，然後等待退休，甚至你的退休金只能給你勉強溫飽的收入，那麼在年邁的時候，你會住在漸漸老舊的房子裡面過著清貧的生活，真的幸運的話，可能還會有一些錢留下來享受人生的小樂趣，這就是平順過一生。

你的生活目前似乎很安全，但未來這樣真的沒問題嗎？

你問我這樣會有什麼問題，有什麼不好嗎？問題可大了！你被困在工作中四十幾年，努力工作，然後退休，過著平淡無奇的生活。一輩子一直努力付出，到頭來也就只是過上無聊又平庸的生活。

大家去看看自己父母或祖父母，退休之後在做什麼呢？大概也會是自己的晚年模樣。

　　　　　　　　　越痛快花錢，越能把錢留下來

或許有的人個性非常開朗，早晨去運動，然後和鄰居一起聊聊天，或者看電視打發時間。但其實大部分的老人，都過著不夠好的生活：他們的現金流讓他們很難住進設施完備的養老機構，沒有人照顧他的健康狀態；或者住在鄉下，沒有同住者，飲食不夠均衡，或者無力負擔生活機能優良的房子，看醫生也不方便。沒有足夠的被動收入，退休後連之前每年兩次的國外旅行也得犧牲。

改變，或許就在等待一次突破

　　在我們年幼時，大腦會像海綿一樣，吸收全部資訊。那個時期，因為缺乏判斷基礎，對所有資訊會照單全收，所以原生家庭的影響才會這樣深。我們的大腦積重難返的會用某種方式去思考、去感受，回應不同的想法、事件和目標，包括金錢跟財富。

　　我小時候有件印象深刻的事：小學時我們班的男同學調皮，很愛戲弄女生，我也經常被他們惹到。剛開

始我只是忍著，直到有一天再也受不了，我就對惡作劇的男同學大吼說：「別再這樣了，要不然，我就跟老師報告！一個都不會放過！」

自此之後，大家都叫我虎姑婆，也可能是因為我那時太兇了，班上再也沒有男生敢來惹我。自那次之後，我就有個信念：「**若反覆處於困境，一個從來沒有想過的解法，很可能會為你帶來突破。**」

因為一次突破，換來全新的局面！金錢跟財富也一樣，我們會因為一些根深柢固的想法被禁錮，但當我們去嘗試做些調整和改變，結果或許會出乎你的意料之外。

沒有人一生下來，就知道如何去處理自己與金錢的關係，遺憾的是，我們大多數的人都是以一種「不富裕的方式」去設定我們的大腦。**如果當下的生活狀況不是你的理想，沿著這樣的道路走下去，未來也不會是你想要的。**

行動清單

1. 想想你處理金錢的方式，哪些跟父母一樣？哪些不一樣？

2. 這些模仿父母的結果，如何影響你的財務生活。

3. 哪些是你模仿來的，而不是你真正的想法（對負面的要劃清界線）。

4. 你聽過的所有描述有錢人、財富、金錢的話語。

5. 這些寫下來的話語，如何影響你的財務生活？

POINT

請勇敢一點，踏出那一步，告別過去的窮習慣窮思維，打破長輩給我們的桎梏，迎向新的生活，就像我小時候為自己發聲的那一次。讓我們破除窮習慣的束縛，盡情的正向思考——如何成為有錢人。

用一張水庫圖，看你的財務三大管理

只有窮人才會財務狀況慘烈，有錢人不會陷入這樣的窘境。

任何財務管理不佳的人，無論收入多寡，都有可能陷入收支平衡失控的財務危機，高收入並不等於高資產。

在我的財務規劃個案裡面，有這樣一類人，他們屬於高薪族，每年的年收入已達數百萬級別甚至更高，可是財務狀況往往異常慘烈，讓人不忍直視。

我有個客戶是高科技業的主管，工作了 10 年，銀行存款卻寥寥無幾，突然遇到大一點開銷，總是捉襟見肘、非常狼狽。他住豪宅、開進口車，表面風光，但背後的債務卻很高，生活也是完全依賴現金流在支撐，遇到一點風吹草動，現金流緊張起來，他就會如熱鍋上的螞蟻，急得團團轉，拆東牆補西牆去拼湊，挨過一次算一次，關關難過關關過，但心很累。

還有些客戶，平常花費看起來普通，但總會被消費欲望不時煽動，例如雙十一或週年慶突然買了一個不在計劃內的東西；要不就是看上一件很心動的奢侈品，於是很輕鬆的將錢從自己身邊推開。

該如何改變這樣的局面呢？

這樣混亂的金錢使用模式，應該是大家都不希望的吧，有沒有辦法改善呢？按照我的「財富水庫」的概

越痛快花錢，越能把錢留下來

念，這群人，往往是注入的水很多，但流出去的水也超多，甚至水庫出現漏洞，於是水位總是沒辦法提高。

為什麼呢？主要原因在於他們擁有的資金缺乏計劃與管理。

財富水庫是什麼？

每個家庭和個人的財富，都可以想像成一個水庫，我稱它為「財富水庫」。水庫的水位要變高，就得要讓水源源不斷的加進來。

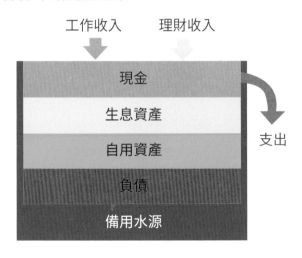

我們的每個人都會有兩道入水口，第一道入水口是我們的「工作收入」，第二道是「理財收入」。先說「工作收入」，假設我們的收入是 100 元，我們能把 100 元全部留在水庫裡嗎？不可能吧！因為我們有支出。那如果想讓水庫裡的水越來越高，就要盡量讓工作收入大於支出，對吧！這道理應該很簡單。

　　這時候我們就會談到「收支管理」的概念，看懂收入和支出的關係。收支管理並不是單純的記帳，記流水帳是沒有用的，我們不需要記零碎的東西，抓大方向就好。

　　很多人都會談收支管理，其實在我的財富水庫概念裡，**「收支管理」最關鍵的概念，簡單來說就是兩個：**

1. 先把投資帳戶錢留下來
2. 透過預算編列來控管消費

　　在每個月領到薪資後，就把收入分成 A（每月支出）、B（年度支出）、C（儲蓄投資）等三個口袋帳戶。C 是要先投入的，再來才是 A 跟 B。ABC 帳戶模式進

行的好，才能讓水位越來越高，至於詳細要怎樣運用，我在下一章會分享。

迷思：記帳就能省錢嗎？

真正的良好收支管理，並不以記帳為主，因為流水帳太瑣碎，你只是記錄消費，頂多就是知道把錢花到哪裡去，對於實際財富的累積，幾乎是毫無作用。因為花錢當下的你不會覺察，也不會對低於某些金額的消費有感，換句話說，就像一開始舉例的客戶一樣，如果不改善消費習慣，總是入不敷出，那再怎麼努力記帳都是沒用的哦！除非是重度的收支管理患者，我才會強制這樣的學員記三個月的流水帳，來恢復記憶，找出花錢的脈絡。

「收支管理」是開啟理財的第一步

財務三大管理：

1. **收支管理：**它是讓我們清楚身邊有多少錢的步驟，透過上面那個財富水庫，我想你已經一目了然。

2. **投資管理：**它是我們財富增長的祕密。

3. **風險管理：**它是用來儲備這個水庫的備用水源，不讓這個財富水庫漏水的防漏機制。

「收支管理」是開啟理財的第一步，討論的是收入跟支出的關係，簡單來說就是「財富水庫」流量的管理。很多人連這個第一步都沒有做好前，就不要再去做什麼投資，額外增加自己的負擔，這都是超出能力範圍的事情。

還記得有一陣子常去中南部教育訓練，下了高鐵，會固定坐一臺計程車到目的地，和這個計程車司機聊了幾次後發現，這位年輕的司機非常上進，積極想賺

錢，一聽到我是做理財教育的，就感興趣的一直問什麼可以投資。

於是，我問他對「財務管理」的看法。一開始，這位計程車司機就只是把焦點放在「如何賺更多錢」上。但是在做了完整的財務規劃，才剛進入財務問診時，他就驚覺：事情並沒有他想像的那麼簡單！因為各種大大小小的支出，會隨著他收入的增加而上漲，看到自己的現金流量表之後，他頭都開始暈了。

我也發現，不管有沒有在投資，或者是收入高低與否，收支管理都是大家會遇到的第一個議題，其中有一類人因為每月餘錢不多，非常想讓自己快速累積財富，難免會想以小搏大，接觸高風險的投資，或者投入是號稱「高獲利、高回報」的投資產品。

但這些人沒料到的是，這反而是貧窮之路的開始，因為他們缺乏「輸」的本錢，一旦心急，結果反倒是讓自己陷入極大的風險中。所以，我通常會給我的學員或是來諮詢的個案建議，在存款沒有存到緊急備用

金之前，千萬不要投資，先從收支管理開始做起。

不過，這可不是代表，還沒存到緊急備用金之前就什麼事都不做。你必須每年撥一點費用，學習你有興趣的投資領域，了解這個投資最大的風險在哪裡，並且試著**模擬決策你的投資**，先為自己的「投資管理」做準備！

投資是錦上添花，它不會雪中送炭，財務體質要先打理好，再投資會更有利，而不是將投資當成仙丹妙藥。

「投資管理」是配合人生階段的理財法

當我們開始有多餘的存款之後，有些人就會去買生息資產，例如基金、股票、房地產等，這時候就會產生第二種收入，叫做「理財收入」。

在「財富水庫」這張圖裡，有一個很重要的關鍵，就是理財收入大於支出時，就能夠漸漸邁入 3 層人或

越痛快花錢，越能把錢留下來

者 4 層人階段。

此外，投資管理還應該要配合人生各階段目標、目標實現時間長短、自身風險承受度來選擇投資標的滾雪球，並在可承擔的風險範圍內，選擇可能收益最高的投資工具。投資管理的部分，我會建議大家看我另外一本書《80％求穩、20％求飆，低風險的財富法則》，這本書規劃了 20 歲大學生、45 歲中年人、65 歲都可以用的投資方法。指標明確方法簡單，每年只要花 10 分鐘操作，就可以得到 9.4％的年化報酬率，任何人都可以睡得好、輕鬆累積財富。

身為財務建築師，我很重要的一項工作，就是在幫助大家打造合理的計劃和運用現有的財務資源，並綜合考慮未來的現金流情況，為客戶打造財務藍圖，而不是一直推銷客戶買金融商品。

沒有經過財務體質的診斷，就冒然的下決定投資一堆不該投資的東西，通常到最後都會得到非常不滿意的結果。

「風險管理」能讓風險造成的影響降到最低

「風險管理」是指什麼？指的是緊急預備金和保險，即便半年沒有收入都能活下去，不至於讓一時的風險，打亂整個人生節奏。

你有聽過一句諺語嗎？「屋漏偏逢連夜雨，船遲又遇打頭風」，人生很有意思，總是「雙喜臨門，禍不單行」。所以，絕對不可因為自己的投資管理做得不錯，就把風險管理擺一邊。

越痛快花錢，越能把錢留下來

而且，我想大部分看這本書的人，在理財收入這道入水口都還在積累階段，萬一這時工作收入中斷了，那家裡的支出怎麼辦？是不是只能消耗水庫裡頭的水位來過活？當然不行，這時候我們就需要「緊急預備金」和「保險」來當備用水源。

拿緊急預備金來說，通常我會建議你**存 6 個月的支出總額**（所以，你得要先透過「收支管理」來算出「月支出總額」），萬一發生事故，隨時可以拿出來用，起碼有半年可以慢慢想辦法。

大部分的人在累積財富水庫的過程中，難免會出現不可控的因素，你會希望辛辛苦苦累積來的資產，因為自己生了一場大病而花光嗎？備用水源既然這麼重要，那要怎麼透過保險這個工具來把風險槓桿出去有概念嗎？要怎麼買才能符合需求又符合預算？該如何評估呢？每一個家庭的需求基準線都一樣嗎？當然是不可能，單身人士的備用水源，跟已婚有家庭有小孩的備用水源會不一樣，退休的人又會截然不同。

保險的白話文是什麼？就是生病時不要花到自己的錢。生病時，我們會付出相對的成本，所以應該把風險轉嫁給保險公司，你會說：「菁羚老師，可是買保險也是要錢啊！」所以，怎樣買就很重要。

我所遇到的客戶，以財務規劃的角度來看，60％都會落在「保費付太多，保障卻不夠」的問題裡。這是因為一來遇到的保險人員，通常對你的了解不夠全面，只能從單一角度而非以全盤財務規劃的視野來決策，能做出來的方案自然幫助有限。**財務建築師則不然，他可以依照你的目標和收入來做整體規劃。**

二來是預算有限，我通常會建議：「先買大人、後買小孩。」主要考量大人是家中經濟支柱，如果預算不夠的話，優先購買一年一約定期保險，取代購買 20 年等長年期、還本型保險，有助付出相對低保費獲得風險保障，先拿到保障再說，省下的保費，有助活化家庭資產。意外險也是很好的避險方式。但風險來的面向不一定只從意外而來，所以做全面的評估跟診斷是很重要的。

我看過太多人，保險繳費繳到變負擔，尤其很多人情保的狀態，不買不好意思。但是關於保險，也需要把錢用在刀口上，多花一毛錢，我都覺得是浪費。

好了，以上就是「收支管理」、「投資管理」、「風險管理」三大管理！如果你把這三大管理都做好了，基本就做好了 80％ 以上的準備工作了。

記得，順序一定要做對，先是「收支管理」，第二是「風險管理」，累積至少超過 50 萬或者有了緊急備用金之後，再來做「投資管理」，這樣財務規劃大概就做好 80％ 了。請隨時複習水庫的重點，並且去觀察哪種管理沒有做好，然後去完善它唷！

CHAPTER

3

收支管理很簡單，用 ABC 帳戶來解決

▼

只要金錢管理得宜，就能早日過上自由美好的生活

大多數人以為沒錢是因為錢賺得不夠多，事實上，賺很多但不夠花的也大有人在！不管收入多寡，收支管理是理財第一步基本功。

金錢整理不是壓抑欲望，
而是把錢分好、預想好，
就算花光也沒有罪惡感

大家都說理財規劃的第一步是
記帳，這樣才能增加存款。

記帳只是知道金錢流向，理財
規劃還是得從源頭控制，做好
預算編列。

越痛快花錢，越能把錢留下來

「我以前是很認真記帳的人，連 50 元的消費都會記。」這是我的學員分享的經驗。過去也有過很多這樣的學員，他們都曾把將記帳當成理財規則之一，記了數年，最後發現只是知道錢花去哪裡而已，對於存錢沒有太大的幫助。

後來這位學員才了解，如果沒有從源頭控制預算，就算記下來再多帳，也不可能降低消費的金額，「只是把自己浪費的過程紀錄下來而已」。

記帳，其實是無效的理財手段

記帳的目的，是為了掌握金錢流向，並找出現階段有多少錢可以花，注意喔！是有「多少錢可以花光」，而不只是「該存多少錢」。

什麼意思呢？

在我金錢整理的執行工具中，我只用 ABC 三個帳戶來放我的錢，A 帳戶就是每個月的支出（每個月都

要付的費用），B 帳戶就是年度支出（一年付一次的費用），例如保險費、各種稅、旅遊費等，而 C 帳戶就是儲蓄投資帳戶，例如儲蓄型保單、存款（緊急備用金）、投資（定期定額）等。

A：月度支出

例如房租、水電費、伙食費、電話費等

ABC 三帳戶

越痛快花錢，越能把錢留下來

B：年度支出

例如保險費、所得稅、旅行等

C：儲蓄投資帳戶

例如股票、基金、儲蓄險等

我建議的金錢整理方式很簡單，就是先把該存的錢存到 C，剩下的再分流去 A、B 即可。

公式就是這樣：**每月的收入－C 帳戶（要存的錢）＝ A 帳戶＋ B 帳戶（可以花的錢）**。

也就是「要用來儲蓄投資的先存」，每月收入進來後，先扣掉 C 帳戶的金額，剩餘的再分配給 A 和 B 帳戶。把每個月的收入分配一些給未來的自己（C 帳戶）與現在的自己（AB 帳戶）。

也因為先把錢存起來了，平時的生活費，只要確認 A 帳戶到下個月領薪水前都夠用，花起錢來就不會心驚膽顫。如果想臨時安排小旅行，或者想團購買個氣炸鍋時，只須確認有控制在 B 帳戶每個項目的預算內，也可以很放心的花下去，不用擔心旅費或者消費金額過高的問題。

有很多人都說記帳是為了降低物欲，我要跟你說，**違反人性的作法是很難持久的**。需要意志力的東西反而會消耗能量，我們應該要往「既能存到錢，也能很

越痛快花錢，越能把錢留下來

爽的花錢」的方向前進，才能取得平衡，也才不會為了要擁有美好的將來而讓現在的生活過得很痛苦，像這樣無法長久執行的計劃是沒有意義的。

記帳主要著重在事後的檢討，檢討自己有沒有超出預算，找出超支的原因，是預算編太低？還是自己有浪費的情況？預算編列是事前規劃，盡量降低沒有在計劃內的消費。

什麼是「沒有在計劃內的消費」？很多人在買東西時，不會先思考這筆花費是否在原本的預算內，都會想說：「我現在就要Ａ，所以Ａ是很必要！」但有了預算的天花板之後，才會真正去想，自己是否有需要和能力購買Ａ，是不是家裡早就有替代品？我現在的預備金是夠的嗎？在衡量之後，才能確實執行，也才能確實存到錢。

我看過太多人都在「存假錢」，月初把錢存到Ｃ帳戶去，但因為沒有做任何預算編列，想花什麼就花什麼，到後來發現錢不夠，或者又有新東西想買時，就

去動用 C 帳戶裡的錢。甚至有突發的緊急狀況，例如工作收入不穩定，或現金流沒管理好，等到 C 帳戶的錢都沒了，就會開始解約保單，不繳保費，不然就是儲蓄險解約，這樣的人其實是讓自己的財務資源一點一滴的耗損並且讓自己越來越沒有風險抵禦的能力，可說是裸奔一族。

所以，你說記帳是不是好的理財手段？我認為，記帳不算是「理財」，只是一種記錄。你可以**透過審視記帳記錄來有意識的花錢**，而非只是單純記帳了事。看自己的記帳過程時，試著以第三者的角度，更有意識的看待你花錢的過程，做到「金錢整理」和「財務排毒」，你會發現除了非必要的花費，其實我們還有很多非必要的投資，很多人為了月配息，買了很多內含高昂費用的金融商品，最後賺最大的，都不是自己，而是金融業。

簡單說，金錢整理不是壓抑消費欲望，做好 ABC 帳戶的管理之後，一個月能花多少一目了然，不會刷

　　　　　　　　　　越痛快花錢，越能把錢留下來

了一個稍微貴一點的東西就馬上有罪惡感，然後省吃儉用，生怕下個月帳單來擊倒自己的財務，不必靠感覺來花錢。

什麼叫金錢整理？

你的房間和空間使用一陣子後，就很容易雜亂無章、需要整理，財務也是！就拿最基本的存摺來說好了。我相信很多人連自己的存摺有幾本、裡面有多少錢、保單保障有多少都不確定，就連現在錢包裡有多少錢，都無法立刻回答出來。

對於理財新手來說，進入理財世界的第一件事，並不是去找投資標的。最初的重點絕對是：**弄清楚錢的「來源」和「去處」**。錢是怎麼進來的？無謂的花費是怎樣不斷的流出的？如果不了解錢的流向，即使賺再多錢，也不會覺得夠用。

這也是我這章要談的執行工具：ABC 帳戶。如果能好好使用 ABC 帳戶，「金錢來源」和「金錢去處」，都能一一被展現出來。

沒在整理金錢的人比比皆是，這類人不分身分和職業，也不分數學好不好！因為常聽人家說：「我數學不好，所以不會理財。」這句話背後的含意其實是：我並不想弄懂。這樣的客戶往往會在退休的瞬間才發現自己的存款少得可憐，然後陷入焦慮跟恐懼，被逼得不得不去面對。在接觸過許多的客戶後，我發現，只要有漏財舉動的客戶，就算賺得再多、數字概念再好，也是一樣留不住錢。

反過來，收入普通，但善於將手邊財務資源做好分配的人，很早就可以過上自己想要的美好生活。

所以高收入不等於高資產，收入普通也不等於就注定會過苦日子。

越痛快花錢，越能把錢留下來

整理金錢有什麼好處？

我先簡單做出結論：邁向財務穩定，甚至是財務自由，最後往第四層走去。

其實，我們現在看到的財務狀況，只是種結果，是由各種金錢行為累積而成。若是你的財務結果很好，那麼恭喜你！若是財務結果跟你想像的有點差距，那麼 ABC 帳戶就是帶你回頭去檢視問題的一個好方法。如果能找出「為什麼會有這樣的財務狀況」的原因，是不是才有辦法去扭轉結果？

經過整理後，看清楚自己擁有多少，當心裡不再感到匱乏，就會讓你充滿安全感，而且感覺踏實。因為人都是喜歡有秩序感的東西。你也就不用靠買一堆東西這類「累積物質」的行為來滿足自己，這不僅是習慣的改變，也才可能就此真正邁向財務自由。

如果夜深人靜時，你總在自問：「為何我的存款總是和年齡不成正比？」其實就是該檢查財務狀況的時刻了。我要提醒你，財務自由絕對不是一句口號，是需要按部就班的達成的，歡迎想要打通自己的金錢通道的人，一起加入運用 ABC 帳戶，整理金錢的行列吧！

越痛快花錢，越能把錢留下來

CHAPTER 3.2

財富水庫：
ABC 帳戶是什麼？

對於自己的收入和支出項目不太清楚，反正有錢就存就對了。

可以利用 ABC 三帳戶來檢視、分配自己的金錢項目，對收支會更清楚。

接著，切入重點，我繼續詳談 ABC 帳戶，從現在開始一步步跟著做吧！

A：月度支出

伙食費	元／月
治裝費	元／月
手機電話費	元／月
水電瓦斯費	元／月
交通費	元／月
油費	元／月
教育費	元／月
孝親費	元／月
交際費	元／月
雜費	元／月
其他	元／月
合計	元／月

先整理出自己每個月、每年的固定支出，
以及自己的存款等，分為三部分：

　　　　　　　　　越痛快花錢，越能把錢留下來

B：年度支出

車輛維修保養費	元／月
年度醫療費（健康檢查）	元／月
父母孝養費（過年紅包）	元／月
保險費	元／月
稅賦	元／月
學習	元／月
捐款	元／月
旅遊	元／月
合計	元／月

C：儲蓄投資帳戶

儲蓄	元／月
存款（緊急預備金）	元／月
投資	元／月
合計	元／月

Ａ：每月固定支出項目，像是房貸、孝親費、水電瓦斯費等固定月支出；Ｂ帳戶：每年固定支出項目，像是所得稅、保險費、捐款、旅遊等支出；Ｃ帳戶：儲蓄投資帳戶，會以現金、股票、外幣、儲蓄險等方式存在。此處每個人都不太一樣，可以依照自己的狀況列表整理。

越痛快花錢，越能把錢留下來

　　每月財務控管方式，以「每月收入－ C 帳戶＝ A 帳戶＋ B 帳戶」方式分配，也就是「儲蓄投資優先」。每月收入進來後，先扣掉 C 帳戶儲蓄金額，再分配其他金額到 A 及 B 帳戶。

　　簡而言之，C 帳戶是會存下來的錢，AB 帳戶則是在不同時間點會花掉的錢，像是每個月有固定收入的上班族，只要在發薪時，第一時間撥款到 C 帳戶，在花錢時，就比較不需要有太大的罪惡感。

　　C 帳戶負責用來儲蓄及投資，是我們未來通往財富自由的入口，建議小資族沒有存到緊急備用金之前先

不談投資，超過緊急預備金之後則是可以開始定期投入市場，平時也不要任意動用此部分資金。

但是，C 帳戶也不是一灘死水，永久不動的，除了是拿來作為儲蓄投資的水庫之外，C 帳戶資金還可細分為：

(1) 中期 3 ～ 5 年後會使用到資金

如果你想準備未來買房、買車的頭期款，或者結婚基金等用途，建議把錢放在安全性高、流動性高的投資工具，像是指數型的債券 ETF（非高收益債，非垃圾債），不僅可領配息，淨值波動度小，較不易在需用錢時賠到價差。

(2) 未來長期使用資金

像是退休金、孩子的大學教育費等用途，建議可放在波動度較大的投資工具，如：定期定額、定期不定額等方式買入投資標的，因為是很久之後才要使用的錢，可忍受較高的波動度。這部分我在前一本書《80求穩，20 求飆》裡詳細說過，大家可以再去購入來看。

B 帳戶年支出部分，可先計算每年所需金額，再分配在一年 12 個月平均撥款或使用，像是我自己每年進修的課程費用都不少於數十萬，但課程這類型的消費不像雙十一每年 11 月就會來狙擊我們，課程下單的時間比較難預測，萬一沒有先做好預算編列，難免會超標。

　　超標就容易會造成你亂動用 C 帳戶的壓力，你想想看，如果你每個月薪水 4 萬，上個月不小心刷了 2 萬的機票錢，那這個月的生活不就是捉襟見肘、很難受嗎？

　　所以，一旦你算過一整年大概會支出多少，那麼你就可以大概算出整年度的 B 帳戶額度是多少，例如你的稅、保險費、旅遊等一整年下來會花上 24 萬元時，你每月薪水入帳的時候就必須要把 2 萬元存入 B 帳戶，等到要繳保費、出國旅遊等大筆金額時，就不會一下子無法支應，去動 C 帳戶的腦筋，最後導致錢存不下來。

Point：
不知道自己的 AB 帳戶會花多少錢
的人，可以先透過簡單的記帳或者
信用卡帳單，來檢視整年度的消費
來分類並加計。

一開始，分類可能不太容易，但是
一旦分類完，你會對自己的消費習
慣感到很清晰，甚至在分類時，會
產生「當時我爲何會想要買這個
呢？」的想法。

　越痛快花錢，越能把錢留下來

現在的手機裡有許多記帳的 app 軟體，方便又好用，因此可以多加善用手機，智慧理財唷！

ABC 帳戶怎麼用？

ABC 帳戶皆可以隨時動用或存入，用來分散風險，畢竟雞蛋不能放在同一個籃子裡。

ABC 帳戶的用途各有不同，應該嚴守專戶專用，尤其是 C 帳戶是未來的資本，不能隨便動用，如此才有可能存下錢。

　　　　　　　　越痛快花錢，越能把錢留下來

好了，相信你知道 ABC 帳戶的分別之後，一時之間，某些費用可能還是會一頭霧水，不知該怎麼歸類。這時除了到我的社團來提問外，你還可以用很簡單的幾個概念，來定位 ABC。

接下來，我將試著用比較結論式的方式來跟你說明，希望能讓你理解。

ABC 帳戶，是一個「先存下來，剩下的錢才能花」的概念

存錢其實很簡單，只需領悟一個「公式」就可以。但為何許多人知道卻還是存不下錢呢？是因為他們沒有真正領悟到什麼叫「存錢」。例如我就是一個從月光族成功逆襲，從谷底爬出來的人。在經歷過全家要繳保費卻沒錢繳的時候，面對生活扎扎實實賞我幾巴掌之後，我現在覺得「存錢」二字，看似樸實無華但卻很不簡單。

一般人最常見的公式：收入－支出（A＋B）＝存錢（C）

就是這種常見的順序，讓我們認為「存錢，應該是消費完之後的結餘」，**如果你也這樣想，你就永遠存不下錢，對的，永遠！**

因為在這個公式中，儲蓄是結果，它是浮動的，它隨著我們的行為隨時改變。我們在花用時並沒有考慮到後果，因為它在帳戶裡的數字是多麼誘人！當我們收入不固定、消費更不固定，甚至會經常出現「支出＞收入」的情況時，這樣怎麼可能穩定的存下錢呢？

真正的存錢，應該是運用這個公式：**收入－存錢（C）＝支出（A＋B）**

是的！只是簡單的把「存錢」和「支出」調換位置，帶來的結果，將會截然不同！

為什麼？因為這個公式，始終保證我們每個月的存錢金額，穩定不變，唯有這樣，才能真正的存下錢，

　　　　　　　越痛快花錢，越能把錢留下來

給自己開啟一個確定、安全投資的 C 帳戶，資產開始累積，也才會真正穩定下來。

當你真正領悟了什麼叫 收入－存錢（C）＝支出（A＋B），才算開啟了你理財之路的大門，才能穩穩的積累下自己人生的第一桶金，脫離被資本市場的掌控，離開消費主義陷阱。

存不到錢的公式：
收入－支出 (A+B) ＝存錢 (C)

存得了錢的公式：
收入－存錢 (C) ＝支出 (A+B)

C 帳戶是一個「不可以隨便動歪腦筋」的帳戶

前面提到了，為了要維持穩定的投資績效，C 帳戶裡面的錢，可是少一分都不行。為了要打破我們的慣性和惡習，最好的方式就是設定自動轉帳，在薪水進來的同時，馬上分別轉入 ABC，如此一來，整個管理系統，就可以自動化運轉，幾乎不用花費任何時間維持運作。

這個帳戶最好沒有提款卡，想把錢拿出來的方式越麻煩越好。

如果好幾個月都發現，還沒到月底，A 帳戶就用光光了，那麼，你最好能先檢視一下，當初設定的金額是否合理？如果不清楚為何生活費會超支，那麼肯定有你不知道的漏財之處，請針對日常記帳，深入探討 A 帳戶會超支的原因。

越痛快花錢，越能把錢留下來

有了 C 之後，你就可以把 A 花光光，不需有任何的罪惡感！

當我們進行任何改變時，最可怕的是人的慣性。大腦是偏好懶惰的，總是喜歡靠向最舒服的生活方式，並形塑自己的生活習慣。一旦改變習慣，就等於離開舒適圈。

但是當你一旦設定好 ABC 三帳戶之後，花錢時不再有罪惡感，你不需要在每次花錢時，去思考這是否會影響你的退休金？你會不會月光？這些省錢的思維，往往會增加很多精力的消耗。

設定自動轉帳後，ABC 這個系統可以降低精神及毅力的消耗，一個意志力再強大的人，如果沒有用對方法，也是會消耗完的，與其修練強大的意志力，不如找到更省精力的方法。ABC 三帳戶是最不干擾我們生活習慣，又能控制自己金錢流向，讓每分錢運用的適得其所。

Point：
爲什麼要存錢呢？是爲了毫無罪惡感的享受我們的 A ＋ B 帳戶裡的錢啊！

暢銷書《原子習慣》告訴我們，行爲改變的第四法則，是「讓獎賞令人滿足」。當經驗令人滿足，我們比較有可能重複一項行爲。

用克制、忍耐來理財，是不容易成功的，人類的大腦已經演化成「優先考慮立即的獎賞」，而不是延遲的獎賞。降低罪惡感，持續存錢的好習慣，就從設定好 ABC 帳戶的金額開始！

　　　　　　　越痛快花錢，越能把錢留下來

ABC 帳戶的探究與實作：
解惑篇

收入不穩定的人不適用 ABC 帳戶理財。

無論是誰，都可以用 ABC 帳戶理財，壯大自身的財富。

　　　　　　越痛快花錢，越能把錢留下來

ABC 帳戶的精髓，在於錢剛入手時，就要先分配好。所以，這篇要跟大家談談，如果你的錢入手時間不穩定，例如創業者或者自由業，和有固定收入者，在使用 ABC 帳戶的差別和問題。以下舉實作為例：

如果你是有固定收入者：
比如上班族、公務員等

單身的小花月收入 6 萬，要如何每個月分配給 ABC 帳戶呢？

步驟一：把花費分類好

先將整年度的花費分為兩大類：

1. 每月固定支出的項目有哪些？（A 帳戶）

　　例如：伙食費、交通費、房租／房貸等

2. 不是每個月固定會有的花費有哪些？（B 帳戶）

可能是一季／半年一次，或一年一次的花費，例如：旅遊、繳稅、保險費、車輛維修，過年紅包等

步驟二：算好 A 帳戶和 B 帳戶的金額

將每月固定支出的項目加總，就是 A 帳戶每個月需要提撥的金額。

小花的 A 帳戶

生活費	8000 元／月
房租	12000 元／月
交通費	2000 元／月
水電手機網路	2000 元／月
日常用品	3000 元／月
父母孝親費	3000 元／月
合計	30000 元／月

越痛快花錢，越能把錢留下來

將一季或者半年一次、一年一次的花費加總，就是 B 帳戶整年度的花費，再除以 12 就是每個月需要提撥的金額。

小花的 B 帳戶

稅	5000 元／年
保險費	40000 元／年
過年紅包	20000 元／年
旅遊	50000 元／年
學習進修	5000 元／年
合計	120000 元／年

　　共 120000 元／年，每月需提撥 1 萬元到 B 帳戶。

步驟三：按照計劃提撥好

每個月初領薪水的時候，小花會先將預先規劃好的投資額度 2 萬元分配給 C 帳戶，再把剩下的 A 帳戶提撥 3 萬，B 帳戶提撥 1 萬。

步驟四：一個月後，檢查 A 帳戶狀況

等一個月後，小花需要檢視 A 帳戶的錢是否夠用，會不會太多或太少，在月底時需不需要調整下個月各項支出的數字。

沒意外的話，A 帳戶到月底就會歸零，小花要做的，是確保 A 帳戶內的各項開銷本月不會花超過三萬。不管是用現金支付，還是信用卡或電子支付，在支付的當下，就要從 3 萬開始倒扣。

如果還沒到月底 3 萬就花完了，代表預算編的太緊，不符合實際的需求，需要記三個月的流水帳來看看自己花錢的脈絡。

越痛快花錢，越能把錢留下來

如果到月底還剩很多，那代表可以重新抓一下各項支出的實際數字。

在我財務規劃的個案當中，最容易暴衝的花費，通常都是「旅遊」！因為人一到了國外，就會想要各種買買買，以及學習進修的費用。這幾年也因為疫情，突然出現很多「線上課程」，很多人買了課或買了書，就忘記了，無形中也造成了很多浪費，所以，假設你發現自己在某個項目特別容易超支，可以針對該項目做好預算編列，然後一樣只要有花到這個項目的支出，就開始倒扣。

例如，小花想針對旅遊及學習進修做控管，那麼就是除了每個月提撥 1 萬進到 B 帳戶之外， 還需要特別針對這二項花費做記帳的控管。

這樣就不會報了一堆課，買了一堆書都忘了上忘記讀。

旅遊

預算	50000 元／年
扣除 3/25 日本行	30000 元
剩下	20000 元／年

　　這樣就會很清楚的知道，自己在「旅遊」這個項目，還有多少錢可以花，

學習進修

預算	5000 元／年
扣除 4/1 買書	500 元
扣除 4/5 報名課程	2000 元
剩下	2500 元／年

越痛快花錢，越能把錢留下來

做好 A 跟 B 的控管，就不會影響到 C 帳戶，因為在未來，不管 C 帳戶是要拿去投資，買什麼股票或者是 ETF，還是儲蓄險，都不是重點，重點是 C 帳戶裡要先有錢啊，所以緊盯 C 帳戶，養大它，就是你最重要的目標。

以小花的例子，目標就是在年底時，C 帳戶得要出現 24 萬，小花必須緊盯這個年度目標。

此處再提醒一次，如果你是嚴重收支管理障礙者，請務必記帳三個月找出花錢的脈絡，先明確自己的 A、B 帳戶每個月要提撥的數字，因為 C 帳戶是雪球，越少動用到它越好。其餘的一樣用步驟四跟五的方式去做逐月的檢視即可。這樣是不是很簡單，你學會了嗎？

如果是自行創業或非固定收入者

如果你是在家工作的 SOHO 族，或者是每年有不固定獎金提成的業務人員，都可以看這個來計算喔！

舉個例子來說，小菲是個自行創業的 SOHO 族，接案收入不穩定，有時候三個月沒收入，有時候會一次性的有大筆收入，那麼小菲該如何分配 ABC 帳戶呢？

假設小菲的 A 帳戶和 B 帳戶跟小花一樣，A 帳戶每月需要 3 萬，B 帳戶整年需要 12 萬，也就是每個月 1 萬。

步驟一和二與上面相同，我就不重貼。但是重點來了，請認真看接下來步驟的差異。

步驟三：先填滿 AB 帳戶的部分需求

在領到收入的時候，先把 A 帳戶至少先填滿三個月到半年，也就是 9 到 18 萬；B 帳戶也是同樣的方式，或者先在附件的小冊子裡，把 B 帳戶花錢的時間點跟月份先寫出來。這樣，在有收入的時候，就分別分配

越痛快花錢，越能把錢留下來

到 A 跟 B，等到 A 跟 B 都準備好半年的花費之後，接下來開始的收入直接丟到 C 裡面，不用猶豫！

先確保生活沒問題，風險保障也沒問題，才來存到 C 帳戶，存到緊急備用金之後，超過緊急備用金的金額，就是你可以開始投資出去的錢了。

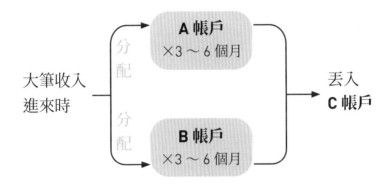

CHAPTER

4

來實際看看
大家怎麼用的？

以下讓我們來看看一些案例，這些人在當初人生或多或少都陷入困境，例如不懂得如何開源節流；或是想要創業但卻佛系經營，導致事業不上不下，隨時面臨危機；也有人因為不清楚家裡的現金流卻又擔憂經濟狀況，逐漸給家人太多壓力。

但經過財務建築師替他們做好規劃之後，生活逐漸穩定，夢想也逐漸成形，一切都往好的方向前進，這不是很好嗎？

CASE 1

單身小資女：
財務規劃，讓我拾回夢想藍圖，活出自己的理想型

菁羚老師點評：

第一位案例是單身小資女——小汪。她是位非常認真的學生，在我的平臺已經上了很久的課。一開始她說我的挑戰營教得很仔細，所以她試著照我所傳授的方式打理財務。但一陣子後，她發現有盲點，於是直接找我做全面性的財務規劃，除了看看自己做的成績如何以外，也想看看還有沒有可以更好、更有針對性的方法，她想看見自己未來的目標是否都有機會如期達成。

看完我所給她的報告書之後，她更清楚自己接下來的每一步行動會對自己的財務模型造成什麼影響，也下定決心減少過度投資，化繁為簡，一步步朝著理想生活前進。

越痛快花錢，越能把錢留下來

受訪者：小汪

我是小汪（玉雅），我的父親已退休，母親是全職家庭主婦，而我在家中排行老大，妹妹與弟弟皆各自成家。在醫院體系工作多年的我目前單身，住在公司宿舍。

　　家母在年輕時曾聽信親戚報的股票明牌，結果不但投資失利，還連帶造成家人間的糾紛，這樣的失敗經驗導致她後來的理財觀念極為保守：不買保險、不買股票、只認真存錢。在我記憶中，父母的錢只投入整存整付的定期存款，而且當時的定存利率高達7%以上，所以他們總是盡可能省下開支把錢存進郵局。

　　剛出社會時，家母對我千叮嚀萬交代：「錢不要亂花，人家叫你買保險也不要亂買。」我也謹遵教誨。直到我工作第四年稍微有些積蓄的時候，同事強烈推薦購買一檔臺灣銀行推出的定期定額基金，正式踏出投資的第一步；此外，醫院的工作讓我接觸到不少病患和家屬，深知突然罹病的風險和代價，所以後來我也瞞著家人私下購買了醫療和防癌險。

　　　　　　　　　　　越痛快花錢，越能把錢留下來

我的投資錯了，但是錯在哪裡呢？

當時的我除了每個月固定購買基金之外，也投保一份六年期五十萬的儲蓄險，這些定期的投資成本，促使我開始記帳和製作報表來記錄收益。起初我以為自己能快速賺到一筆錢，但帳面顯示的數字卻不如預期，一查才發現我高額的電信月租費和未節制的餐費，讓累積的收益都默默流掉了，我只好不斷降低資費和聚餐、娛樂的花費來節流。

然而，我的基金仍不斷在向下攤平，等它回彈時，已經過了七、八年了。這期間我才開始逐漸意識到這樣的賺錢方式對我來說效率太低了，心想不能只有節流，是時候該為財富開源。

所以，我開始投資自己去上課，以「知識變現」為目標，學習了筆記術與自媒體的經營，計劃透過影片傳遞知識並為我帶來收益。但是，一來我受限於工作單位約束，導致斜槓不易，二來我又無法全心投入製

作自媒體，未能打好基礎，等我回過神來發現這些時間與金錢的投入，竟與我開源的目的背道而馳。

面對人生挫折，我勇敢尋求突破，未來的路就在眼前

有次我去髮廊洗髮，和熟識的美髮師聊到薪資，對方一聽竟驚訝的說：「怎麼比店裡的髮型設計師還低？而且感覺你的工作不但累、限制又多。」這句話有如一道雷電直劈我腦門，那一刻我突然覺醒，看見自己當下活成的模樣，不知不覺在財富累積的道路上止步不前，這樣的我，決心要改變現狀。

幸運的是，我在學習理財的路上剛起步就遇到了財務建築師 Lidia 和傳崙老師，他們教導的概念幫助我打下基礎，也讓我得以自行規劃投資方案；雖然我這些年的投資績效不錯，但為了驗證自己的操作邏輯，2021 年，我決定找財務建築師諮詢。Lidia 老師透過自身的專業及生命經驗輔以大數據分析，綜合且全面

的提供我財務狀況、保險規劃與投資策略的建議；她不但點出我過去的操作盲點，指引我審視自己的內心並學會控制過去一味追求的知識快感，而且讓我了解到生活雖然被工作占據了大部分，但我仍能選擇以更好的方式度過。

由於金錢與人生的關係密不可分，諮詢的過程就像在反覆跟自我對話，老師引導我想像一個擁有足夠保障的生活，再進一步思考這樣的生活中，在不過度犧牲生活能量的前提下，食衣住行育樂各方面的花費應占的比例，而必要的斷捨離也在明確的目標下變得不再困難。

　　在老師的協助下，我有了面對真實情況的勇氣。在不斷覺察自己的過程中，未來藍圖也逐漸清晰。我喜歡幫助別人解決問題，如果以後可以不必為金錢煩惱，我想要把生活中的開心分享出去，傳遞富而喜悅的狀態和理念，這就是我的人生理想型。這份理想在諮詢的過程中逐漸成形而篤定：我認為兒童教育將是我的下一步，我想透過如遊戲般的有趣方式，引導孩童檢視自己應如何分配金錢、如何面對人生，在過程中長出自己的力量。

越痛快花錢，越能把錢留下來

從保守的金錢觀，到與金錢和諧共榮

在過去與朋友合開咖啡廳的一次失敗經歷中，我投入了大量時間去學習開店的大小事，最終卻以停業收場；如今我對金錢更加理解了，明白自己的定位較適合做個「資助者」，投資時懂得考量效益，把經營空間留給績效更好的人去發揮，而非一股腦的付出金錢與心力。

想起以前，過去的家庭教育曾讓我談錢色變，在我放下成見去認識它之後，如今我跟金錢的關係非常好。對我來說，錢的作用已不單是購買生活所需，它還能幫助我提升自我、實現理想、與更多人交流，更可以交換到自己想要的人生。我知道，當你善用金錢，它最終都會回流給自己。

家庭主婦：
從月光族到理財好手，財務規劃，帶給我與先生平靜優質的家庭生活

菁羚老師點評：

　　小腹人是個執行力很強的家庭主婦，她和先生原本在財務上常常沒有共識，家裡變成多頭馬車，花了太多時間在內耗跟拉扯。上過課之後了解到理財不等於投資，以及全盤規劃財務的重要性。現在和先生在財務上有共同的目標，而且很有默契，將時間用在最有效率的地方，讓自己的資產穩健的增長。

受訪者：小腹人

原本在國際級化妝品牌任職的我，婚後回歸田園做專職主婦，家中成員簡單，只有我和先生以及一位學齡前小孩。我的最大目標是「正現金流」、「能支持先生創業」，然後「把小孩平安養大」。現在的住家接近大自然，下課後常帶著孩子往海灘山邊走走，享受生活。

　　單身時的我沒什麼理財觀念，家母雖為金融從業人員，但是對我的保護極好，所以即便原生家庭的經濟小康而已，也不曾讓我為了錢煩惱。也因為這樣，當沒有理財概念的我有了收入，便淪為月光族，直到有次受到大學好友刺激：我們領著一樣的薪水，對方卻能付房租、給父母孝養金之外，還存下超過 10 萬的存款，這對住在家裡的我，簡直是當頭棒喝！

　　於是，行動派的我，決定立刻開啟自己的理財人生。我的理財第一階段，是買儲蓄險以及醫療險，我找朋友的先生替我規劃，每個月幾乎要繳掉我一半的薪水，偶爾難免遇上週轉不靈，還會用上高利息的現金

　越痛快花錢，越能把錢留下來

卡「喬治＆瑪麗卡」救急，信用卡也常使用循環利息。幸好，我在職場上是拚命三娘，工作升遷快，收入自然三級跳，錢財壓力也漸漸緩解了。

因此在結婚之前，我的理財觀念只停留在「保險」以及「付房貸」。

理財路上，為何天道不酬勤

三十好幾結婚後，移居南臺灣，成為家管。在懷孕閒暇之餘，開始想規劃家裡的財務，「孩子快出生了，應該要來好好理財！」這是我的第二階段。

那時以為的理財，是「買股票」、「買期貨」和「買基金」，幾乎你想像得到的工具，我都嘗試過了。當時先生從科技業急流勇退，創業當農夫，在家裡沒有固定收入的狀況下，有些心急的我，找了許多坊間的課程學習，以股票和期貨為工具，每天看盤操作，只想為家裡掙點買菜錢。我靠著讀新聞、財報做股票，

越痛快花錢，越能把錢留下來

有時候槓桿一開，用權證下單，難免看錯邊就受傷出場。或者心血來潮買了基金，賺一點就急著買賣，沒有系統操作，獲利也不豐厚。

當時的我，不管是總經、財報、技術、期貨都奮力學習。我常想著：「我這麼好學，又為理財進修這麼多門課，為什麼還是沒辦法穩定獲利？」

直到上完 Lidia 老師的「ETF 理財挑戰營」課程，順利完成 21 天的作業後，我簡直醍醐灌頂！這下才知道，理財並非是買商品，而是要從「整體觀點」去看家庭的財務堡壘，包括保障、ABC 帳戶、現金流與被動收入的建置、債務等；也就是說，上完這堂課，我終於有了「財務藍圖」的基礎概念。

不得不提的是那時先生正在創業，由於他從科技業離職，家中頓失固定且優渥的收入，我們常為錢吵架，關係緊繃。上了「ETF 理財挑戰營」之後，我與先生對於家庭財務觀念煥然一新，也比較能坐下來一起談未來規劃。

夫妻財務目標一致，不再為創業的資金恐慌而吵架

這時，我心裡也浮現「是不是該為家庭做整體財務規劃？」的念頭。當時的動機，是想藉由老師的系統來跑「財務模型」，確認夫妻所努力的方向是否需要修正，例如我們買了很多的保險，但保障全面充足嗎？目前資產配置夠不夠有能力承受波動？在目前創業尚未穩定的前提下，財務是否能保障家中基本生活條件，甚至支應創業所需資金？

當時，Lidia 老師要我們先記錄手邊現金流動。從來沒記帳習慣的我，對現金流都是憑感覺，這一記之後才發現，原以為我家一年只有 200 萬的開銷，實際卻高達了 350 萬左右。這也難怪我一直覺得家中現金流不夠，卻不知道缺口比我想像的更大。

做完諮詢之後，看到財務報告書第一個感覺是鬆了一口氣：好在有及格。Lidia 老師的團隊給我們的主要建議是：「降低支出來改善現金流」、「投資標的化

　　　　　　　　越痛快花錢，越能把錢留下來

繁為簡」來做有效管理。

我不再因為另一半創業而陷入恐慌，也能按照所訂定的財務目標執行，最大的好處是，減少許多不必要開支。我與先生都是熱愛生活的人，對家中用品的品質不能妥協，難免會有昂貴開銷，自從有了新的財務目標，我們學著延遲享樂，每個月做一次家庭損益表，包括訂定年度目標、預算、現金流預測等。

我們在第一年降低生活支出兩成、第二年目前預計可再降低一至二成，以不痛苦的節流方法，慢慢往理想邁進。兩人方向一致，夫妻爭吵變少，感情也更好了。這是我的第三階段。

Lidia 老師給的財務模型，還會附好幾個情境模擬（scenario），讓我們擁有非常明確的努力目標，也能知道這樣的目標以及鋪設出來的道路會有什麼前景，彷彿是未來預想圖。

當思維開始改變，生活中的察覺就更好

之前我常認為，身為管錢的一家之主婦，在財務規劃上是孤獨的，因為大部分時候人生決策都沒有標準答案，也沒有人能詢問，而是必須靠自己反覆檢驗，因此浪費很多時間。

舉個例子來說吧，在我還沒上「ETF 理財挑戰營」之前，因為想增加家中現金流，就購買了券商推薦的短期連動債，對方說每月收息，每檔年息 8 ～ 25％不等，其中一檔還連結了美國石油正 2 ETF（UCO）。由於前幾次都能順利保本出場，我也就持續投入，想不到再入場卻發生新冠疫情，遭遇史無前例的負油價事件，損失高達了 88％！別說利息了，本金就這樣一夕蒸發。

「為了短期得到 20％年息，結果將本金幾乎賠光」的我沒有氣餒，依舊去上 ETF 理財挑戰營，我開始修正自己投資心態，不再追求厲害的年化報酬，因為我完全明瞭，只需要 8 ～ 12％的年化報酬率，就能讓家

越痛快花錢，越能把錢留下來

中財務以穩健腳步踏上富足之路，而這樣的報酬率，用最沒有特色的「指數 ETF」就能創造出來，根本不需要任何基金商品，或是有內線的飆股。此後，我的投資之路自動隔絕了許多噪音，什麼港股詐騙倒貨等更是接近不了我，反而替家裡免去了不少投資虧損。

我認為，在投資方面，要為自己找到溼漉漉的雪地開始滾雪球，用耐心實踐複利強大的威力。大部分人欠缺的耐心，才是真實的能量，不僅讓我進化成神力女超人一般，擁有了全盤掌握家庭未來的能力，也化身推手，一路幫助家人往夢想前進！

月領４０萬卻無法累積財富的職場媽媽：

正確理財，才擁有支配人生和改變世界的可能

菁羚老師點評：

　　小陳媽媽是個非常努力想要把家裡的財務打理好的職場媽媽，但就像很多人一樣，從小到大並沒有人教導我們該如何打理好自己的財務，所以需要一段時間摸索。在執行完 ABC 帳戶之後，她最大的收獲就是錢不但存到了，生活開銷也花的很開心，每年不需要付出太多時間就可以管理好自己的投資，老公在這幾年看到自己家的資產開始慢慢增長，非常開心感動，覺得辛苦工作是值得的，因為看見了美好的將來。

受訪者：小陳媽媽

我是小陳，目前是醫療從業人員，和先生及三個孩子組成一個小家庭。

我的原生家庭中，媽媽算是年輕時就在投資的人，當時臺灣經濟起飛，股市大好，但是媽媽的投資成果並不豐碩，股市裡的獲利也是載浮載沉，這讓我對股市留下了「大起大落、不易留錢」的印象。

我的父母皆是藍領階級，先生的父母也是退休教師。母親很早就說過家裡的資產要留給弟弟，所以在工作初期，我手邊並沒有什麼閒錢能投資，也沒有機會為自己建立相關的觀念。

不過，隨著年資和能力俱長，我的薪水也慢慢的開始往上，從五位數到六位數。豐沃的收入讓我花錢開始大手大腳起來，再加上小孩陸續出生，經常性的花費大幅度增加，常有賺 20 元花 30 元的狀況。

看到自己的同學陸續買房，手頭寬鬆，反觀自己，雖然開進口車、也買了房，卻常面臨現金流問題。我才開始慢慢醒覺，想著自己是不是該開始理財？我和

越痛快花錢，越能把錢留下來

先生加起來月領 40 萬，但是奇怪的是，我們的資產成長速度好慢。

我先是從看書開始，從《三年存一百萬》起，各種理財經典書和課程，什麼 XX 教官、愛 X 莉存股、雷 X 斯、阿 X 力等，我幾乎都沒錯過，陸陸續續看了好多書，先幫先生把信貸和車貸統統還了，卻總覺得好像隔靴搔癢，差了一點什麼。

而且，每個月都依然還是口袋空空，還上班上得好累，心想這樣的日子能撐多久？

用命換來的錢，難道能賺一輩子嗎？

日子忙碌，流水一般的過，我的工作需要我隨時 on call，下了班還是兩個孩子的媽，我實在沒時間能靜下來好好規劃該怎麼辦。一直到 2018 年，第三個孩子即將臨盆之際，我預想能在產後獲得一段休息時間，所以開始想該怎樣檢查財務，並搬了兩箱書到月子中心閱讀，準備著手做財務檢查和計劃。

我先生是很節省的人，也很少插手我對家庭資金的計劃與配置，但是這難免讓我在財務規劃之路上踽踽獨行、有些孤獨，我也很難確定我對家庭和人生的決策是否正確。

就在這時，我遇見了 Lidia 老師，知道了有「財務建築師」這樣的工作，相談之後，老師完全說中了我一路以來的問題和擔心，馬上就參加了財務規劃。我還記得當時坐月子時還剛好遇上老師的新書《80％求穩、20％求飆，低風險的財富法則》上市，我請他們把新書寄到月子中心來，好好的拜讀一番。

越痛快花錢，越能把錢留下來

終於遇到心目中理想的財務管理，一拍即合

有了規劃之後不會再害怕，知道要怎樣調整。我明白自己該怎樣微調，也了解如何讓錢去最適合的地方穩健成長，不需要操心煩惱，不需要再看盤。同時也是在算了未來三十年的財務模式後，配合我的個性，選擇了適當的金融商品做投資。

生活當中的費用，我就認真執行 ABC 帳戶，Lidia 老師告訴我，C 帳戶是投資，抓大放小，先把投資的錢留下來滾雪球，未來才不用擔心錢。有了清楚的退休目的計劃後，我一直以大原則為前提之下來執行，偶爾頭腦不清楚時，還可以詢問老師的意見再微調。而且，我的諮詢結果不只是財務，我也發現自己的物欲太強，之後買東西時，就會以大原則和目標來減少自己的欲望。

老實說，這真的是我考完專科之後，人生迎來的最大轉折！我不再對錢有那麼多欲望和焦慮，先生還笑我說：「你看，之前花那麼多時間讀資料，早知道早點做財務健檢，省時多了。」

財商真的非常重要！從小就該培養

　　你知道嗎？學校只有告訴我們好好讀書，但是卻從來沒有教我們該怎樣面對錢財，導致很多華人沒有機會在第一時間學到正確觀念。我讓自己的孩子從小開始就訓練他們養成正確觀念，存了壓歲錢後，我再幫他們長期投資 ETF 或美股，我希望未來 0050 會讓他們看到自己種下的種子，長出怎樣的果實，對理財有行動，之後長大也才能學會修正及調整。

　　我很高興在人生中途可以遇上 Lidia 老師，也期許大家能夠不為錢所奴役。記住，你不理錢，錢不理你。要好好理解錢可以為我們做什麼，為自己鋪一條完整之路。

　　　　　　　　　　　越痛快花錢，越能把錢留下來

願我們都能善用金錢，享受人生！

創業中的理科女：
財務建築師打開我的人生 GPS，夢想未來能買房，讓三人小家庭能安居樂業

菁羚老師點評：

奶茶是個非常喜歡熱愛看數據的理工女，理性思考邏輯居多的她，看到我講述財務模型之後，非常想看看自己的財務狀況。因為她正好在創業，財務上需要有人給她方向，在看完自己的財務報告書之後，豁然開朗，完全有動力前進。

她辦教育的初心和我成為財務建築師是一樣的，不是為了追求短線的成績，而是長期培養孩子的閱讀習慣。如果可以找到自己熱愛的事，同時又可以賺錢，這真的是超級幸福的，也因為有了財務藍圖，她更清楚未來的方向，很替她開心。

越痛快花錢，越能把錢留下來

受訪者：奶茶

我是奶茶，是「愛心樹親子閱讀館」教育機構的創辦人，現在是一個三年級孩子的媽媽。在 2017 年前，我從事的是國際貿易的工作，也是當地的負責人。我的收入不錯、生活無虞，投資也是以基金為主。

　　我的家庭編制是三人小家庭，公婆住在附近，算是有照顧支援系統，並且由先生負責家庭開銷，而我負責教育等其他開支，所以自孩子幼年時，我就替他安排了許多的學習項目，學齡前也是由公婆主要照顧。

越痛快花錢，越能把錢留下來

但是，隨著我的業績蒸蒸日上，與孩子互動的時間卻越來越少，導致我和孩子的關係越來越生疏。再加上理工出身的我，重邏輯與規則，對孩子的規矩和要求也多，當孩子漸漸長大、有了自我主張之後，我們的親子關係時而疏離，時而緊張，動不動就有摩擦。

終於在某一次爭吵中，孩子哭著對我咆哮：「妳走，我不想見到妳。」我雖深知孩子是情緒上來、口不擇言，但冰凍三尺非一日之寒，那句話，就像針一樣直釘釘的刺進心裡，我想著：「我這樣辛苦的工作，全是為了孩子，但是最不能理解苦心的，也是我的孩子。」我是想逃避，也想自我冷靜，所以躲到公司裡三天三夜，悲從中來卻不敢見孩子。

我的朋友苦勸我說：「那不就是句孩子的氣話，你又何必當真？」是的，是氣話，但也是窺見了母女倆真實關係的一句話。自那天起，我想了很久，做出了一個重大的人生決定：放下工作，離開職場塵囂，趁孩子尚未長大，就著僅有的時間，陪伴她成長，而不是只在她身上花錢。

但是，也並非是我想陪孩子，孩子就讓我陪，這也讓我徹底感受到親子關係是立體的、互動的，並不是一方想如何另一方就能全然接受。之前的我們，一直沒有理想的互動和模式，所以一相處就吵架。最後，我就像神農嘗百草一樣試過各種方法，發現了「親子閱讀」或許可行，我倆總算找到了平衡點。

　　迷人的繪本，不只小孩愛看，也深深吸引著幼時沒看過太多繪本的我，孩子在故事裡，得到了她的收穫。在整整一年的時間裡，我們靠著親子共讀慢慢修復感情，心裡的距離也就更靠近了。

　　既然共讀這麼有意思，我在學校發起了「親子閱讀打卡」的活動，甚至有機會透過當地的平臺推廣閱讀，我也抓住了這個機會，開辦了「愛心樹親子閱讀館」，邀請親子一同前來，以思維導圖的方式，啟發孩子思考。

　　對我來說，這是個絕大的人生轉彎，我不僅是放棄了原先的高薪工作，還在經營上不停的滾動式調整，

　　　　　　　　　　越痛快花錢，越能把錢留下來

甚至挪用了買房的大筆資金來投入創業。但是在開辦閱讀館當下，我並沒有想清楚創業計劃是什麼？要準備多少資金？計劃的不清不楚，導致之後的佛系經營。

當然，也會有人問我怎麼沒想清楚就創業？我的回答都是：「我若想清楚，或許就不會做了。」因為，我的教育並非是一朝一夕就能看到成果的系統，若只是為了追求分數而去做教育，我辦不到。

創業計劃的迷航，造成資金的破口

　　也因為做教育的初心是陪伴自己的孩子，所以在這份事業上，開始並沒有什麼雄心壯志，導致我在 2017 年創業之後的三年間，一直沒有從虧轉盈，也面臨經營和資金問題，雖然我對初心從未有過遲疑。

　　就在 2021 年 1 月，在貓叔的「專家商學院」聽到了菁羚老師關於財務觀念的分享，裡面提到了許多模型。這些模型對於理工女的我來說，特別有吸引力，於是我就約了菁羚老師線上諮詢的服務進一步了解。

　　在一對一溝通中，除了感受到老師的專業外，還發現我們做的事情有很多共通點，我做的是「治本式教

育」，而菁羚老師幫人做財務諮詢並非只是投資，而是想從根本上解決用戶的財務問題。就這樣，我被菁羚老師的專業吸引，就決定成為用戶了。

在諮詢過程中，老師告訴我，其實我的創業不只是和自己有關，背後還有支持著我的家人、合夥人，我要對支持自己的人負責。我的經營心態，從一直以來的佛系經營，被菁羚老師灌飽能量，一時之間充滿了鬥志。

梳理人生目標，在財務上至關重要

菁羚老師除了開導了我的創業心境，還教我做了幾個規劃：

1. 做好財務收支規劃
2. 做好保險、投資規劃
3. 努力衝刺事業
4. 延遲部分計劃

菁羚老師發現了我的三個重點：「未來的目標」、「個人學習」和「負債」。透過梳理，我發現，由於我將原本購屋的資金拿去投資公司，導致後來勉強購置房屋時，產生了比較大的負債。另外，也由於 2021 年初公司的現金流不足，即將面臨經營困難，如果我想影響更多的人，我得將人生目標重新排序，將錢用在刀口上。

　　我對自己的財務狀況有了全盤的認知，一切都清晰起來，知道什麼時間要做什麼。其次，因為目標清晰，讓我有了更強的行動力去執行計劃，這股行動力不僅僅體現在財務計劃上，同時也滲透到生活和工作。像是「延遲部分計劃」，我將原本想要裝修房屋的計劃先擱置，以免造成資金上的重大壓力。

　　很多人認為財務規劃應該要等到有錢才來做，但是你看我的例子就知道，資金短缺時，更應該利用財務規劃，來發現哪些項目是資金該分配和落腳的地方。

財務諮詢之後，迎來業績的爆發式成長

　　回想 2017 年創業初始，愛心樹的營利模式尚未明確，所以我退一萬步想，就先把這裡當作「女兒的學校」：我想給我女兒帶來什麼思考或能力，我就去學什麼，將她教導出成果後，再正式開班。賺錢是其次，讓孩子學到帶得走的能力，才能產生真實的口碑。

經營面上，孩子軟實力的養成，變成了事業的核心價值，以及足夠成為市場區隔的賣點；心理面上，經過 2021 年諮詢之後，我心理能量增強，並滾動式的調整了經營模式，不僅往理想前進，現階段努力衝刺事業，帶著團隊成長，也擁有了更多的用戶。

　　距離諮詢只過了短短半年，但是「愛心樹」的開班數已達到之前的三倍，甚至還在增長中。有了事業上的提升，我也就能繼續實現自己的學習規劃和其他財務規劃。而四年來，我的女兒也搖身一變，成為自動學習的五星小紅人（編：班級裡的模範生），愛心樹也累積出了 300 多位的死忠學員。不管我開什麼班，他們都支持我的想法，讓我倍感溫暖。

　　這些豐碩的結果，讓我更肯定，不管是找菁羚老師財務諮詢，還是堅持教育事業，我都是做對了！

歡迎全世界朋友加入
微信公眾號和視頻號

　　　　　　　　　　　　　越痛快花錢，越能把錢留下來

Point：
做好財務規劃，其實就是做好人生規劃，藉由認清自己的現況、能力與可塑性，化繁爲簡，不過度開銷或投資，將時間與精力用在最有效率的地方，讓自己的資產穩健增長，一步步的爲自己或是爲家庭打造更好的未來。

後記 1

充分掌握人生自主權的感覺，真好！

還記得蔡依林在 Uglybeauty 世界巡迴演唱會上說：

「我跟你講，40 歲真的 feel damn good。」

事實上我也這麼認為，因為 40 歲有充分的自主權，如果知道人生使命的話，真的太爽了。

如果平均餘命用 85 歲來算，40 歲出頭的我，其實才剛準備要進入下半場而已，回頭看自己至今的人生，我覺得很棒。

我的人生到目前為止，是由幾個階段所組成。

一是求學時期，追求什麼都要第一名的階段。

二是大學時期，瘋狂打工玩樂，而且男朋友一定要

帥的階段。

三是工作時期，在金融業看見世界如何運轉方式的階段。

四是創業時期，看見自己的階段。

在我國中那三年近乎要逼死自己的讀書方式，就為了想要考上第一志願，導致在接近聯考最後一個月，天天胃痙攣加胃發炎，動不動就要去醫院打點滴，最後連前三志願都沒考上！當時我覺得我的人生變黑白了，沒考上好高中，將來怎麼念大學？沒念大學以後要去做苦工了（事實證明，這個信念很有問題，到底是誰跟我說的？）

後來我聽從爸媽的建議，很不情願的去考五專，讀了臺北商專，才發現根本條條大路通羅馬啊！人生不是只有考試而已，老師根本都在唬爛啊！

五專的學風跟大學很像，我像發現新大陸一樣，開始體驗翹課出去唱歌、看電影、交男朋友、打工等，

直到專四的那年，我還是覺得我的人生一定要有大學畢業，硬要大學畢業就對了，所以後來考插班考試考到了東吳大學。

因為學分抵掉太多，根本沒什麼課，所以大學也都在打工，當時教兒童美語跟國中家教可以賺不少錢，一領到錢我就拿去買衣服，或是吃喝玩樂唱 KTV，所以沒存到什麼錢。

有一次我心血來潮逼自己存錢，每個月用三千元買某檔基金，至於為什麼會選它呢？純粹因為名字感覺很厲害而已，但存不到一年，我就因為錢不夠用，賠錢贖回它了（到現在我還是想不起來到底是哪檔）。

畢業後我選擇進入證券業，除了因為從小六就知道什麼是股票融資融券，家裡親戚也大多有在買賣股票之外，我天真的以為只要開盤的那四小時上班接單就好，其他時間可以繼續玩樂。

但也因為進入證券業，開啟了我新世界的大門，隨著在該行業的資歷越來越深，甚至到海外去工作，我

　　　　　　　　越痛快花錢，越能把錢留下來

看見了這個世界經濟運行的方式，金錢世界真正的樣貌，幾億幾億的資金在我手中流過來流過去，對我來說很有趣，我很慶幸能在這個領域工作。

越到後面，自己的價值觀會越來越明確，在創業這個階段，我開始想的是，我要如何解決大多數人在理財上的煩惱，而不是一直要他們買進賣出金融商品，因為這沒有太大的意義。

在我的財務規劃個案中，有的個案對未來充滿期待、有的充滿焦慮、也有的老神在在，就想看看自己在財務上的安排，還能不能再更好。

有的人遇到了家中親人生病，才發現自己的投資應該簡化，花更多時間陪伴家人，所以想做個整理；也有另一半過世，領到保險理賠金，想要看見自己怎麼打理才能讓另一半的遺愛能長長久久的保障自己跟孩子未來的生活，身邊的業務員都只會推薦買儲蓄險，但這不是個案想要的，因此找上了我來做整體的財務規劃。

也有人因為疫情，很多計劃被迫往後延，要出國留學的、要結婚的、買房的等等，都想要預先了解現在的準備是否足夠？ 如果不夠，又該如何找到合適的管理模式，既能確保未來的財務目標能完成，又能兼顧現在的生活開銷。

我認為，疫情雖然帶來焦慮，但也讓我們有時間好好靜下來，看看自己與周遭人事物的關係，包括跟伴侶、家人、同事、朋友的關係，因為這些都會影響到我們的財務決策，這是一個很好的時機，讓我們向內看見自己。

每做完一件個案，我就看見一個家庭或個人到目前為止悲歡離合，酸甜苦辣的人生，真的都很精采。

這與以前在證券業賣了幾千萬美元的金融商品，賺到很多佣金的成就感，完全無法相比。因為現在的我，「真的」是在用自己的專業幫助在財務上焦慮迷茫的人，並且還有越來越多人加入我「財務建築師」的行列，拋磚引玉讓我很有成就感。

我很慶幸自己能從事這樣的工作，這對我來說，這是一輩子的志業，因為看到個案在看完財務報告書，從眉頭深鎖到豁然開朗的時候，我看見自己存在的價值跟意義。真心希望，你能藉由這本書，接觸到真正簡單又有用的概念，而不是落入市場上混亂的金融商品中，被割韭菜而不自知。

祝你成功！

想加入財務建築師的人看這裡。

後記 2

優化財務規劃，也等於建構出自由與滿足的人生藍圖

受訪者：張道麟、賴孟治

我是張道麟，也是綠點財務建築學苑創辦人，很多人常問我：「沒有錢，有必要做財務規劃嗎？」我先直接回答你：當然有。

為什麼呢？請聽我娓娓道來。

首先，「好的財務規劃」是什麼樣子的？財務規劃不是冷冰冰的數字而已，是創造理想人生樣態的終極指南。財務規劃其實是種人生附屬計劃，能夠給人生作為說明書及指引，人一生最終的價值呈現，是透過計劃，實踐人生目標與理想。

很多時候，人們在交叉路上不免迷惘，尤其受到打擊時，如果有財務目標，心不會亂了方寸，目標會像燈塔，永遠照亮道路，伴你前行。

而好的財務建築師應該是怎麼樣的呢？是能夠溫暖應對，提供「有溫度的財務規劃服務」，並且理解客戶需求的人。過往只要提到財務服務，就是冰冷的數據，但我要強調的是，財務規劃絕不僅僅是圖表或數字這麼簡單而已，而是透過對客戶的理解，協助他們繪出得以實踐的藍圖。

財務建築師與一般理專截然不同，特別著重在溝通，也就是面談的能力。凌駕在專業知識之上的，絕對是人性和體貼之心。

所以，很多客戶在和財務建築師互動時，談到內心深處甚至會撲簌簌的眼淚直掉，還有我們的財務建築師跟我說：「我感覺我快要變成神父了！」這是因為，有溫度的面談，常會觸動客戶心裡最柔軟的那一塊，要知道人生與財務本來就密不可分，沒有不為錢歡喜

為錢憂的人。家中負責處理財務的人，往往沒有人可討論傾訴的，甚至是家人，就更別說金融從業人員了。所以，能遇到財務建築師這樣的服務，許多客戶從訴說規劃變成告解，也是所在多有。

財務規劃不只是一張地圖，更是會照顧家人的好工具

讓我說個「關於愛」的故事，你就懂了。我的客戶A是兩個小孩的媽媽，先生在外有了小三，時常夜不歸家，這原本只是婚姻問題，無奈此時 A 發現自己罹患了癌症，還是雙癌症！雪上加霜。她返家由父母照顧，身後事卻是無解的難題。因為當時不到 40 歲的她，想到孩子都還小，伴侶卻無法託付，這一輩子從科技業辛苦賺的錢，眼睜睜要落入先生手裡，孩子和兩老能否得到妥善照顧？這是她最放不下的事情。當時她奔走各銀行，想得知有沒有妥善規劃身後金錢的方法，但多數的金融從業人員，除了建議她再買些金

融商品及保險之外，幾乎無計可施。

後來，因緣際會下，我們接手這個案子，雖然難度不低，但我們仍透過詳細的需求訪談和重複確認，協助 A 規劃該如何照顧雙親和一雙兒女的方案，讓她放下了一百萬顆心，還記得半年之後，她就安詳的與世間訣別。

安東尼羅伯特曾說：「勇氣，是儘管害怕，卻仍然持續行動。」案例中的 A 是高科技業的作業員，工作時間很長、壓力也重，收入雖然不錯，但當時她的生命已與死神在賽跑，若她不能鼓起勇氣去尋找答案，心中的掛念將會成為遺憾，最親愛的人，也無法受到最完善的保護。

我心裡的感觸甚深，人生會經歷什麼樣的事，誰都不知道。如果能事先做好規劃，就能活時盡興，去無所罣。

走入財務規劃的世界：一條人煙稀少的道路

　　我是個目標導向的人，當我 20 幾歲從電腦科技業轉職到保險業後，都會設定業績與組織發展目標，而且幾乎年年達標，而我的太太賴孟治教練在保險業也是年年拿獎。我一路晉升到營業處經理，這讓我志得意滿，曾天真的以為收入回饋了我的專業，這就是我的人生顛峰。

　　　　　　　　　　　越痛快花錢，越能把錢留下來

不過，這樣的日子過了一陣子之後，我發現除了銷售商品，在客戶的心目中，我並沒有樹立出專業顧問的形象；而且，雖然隨著業績量成長，我的收入大幅提升，但我的財務狀況卻沒有改變，依然被錢追著跑，甚至曾在某一年結算所得稅時，發現要繳納 80 萬元個人綜合所得稅，卻面臨無錢可繳，還得要去跟銀行貸款的窘境。

我突然覺悟，縱使我收入再多，若忽略了財務管理的重要性，也無法有效的累積資產。自此，我發現了這個剛性需求：「個人財務管理市場」！於是，我下定決心成為個人財務管理的專業人士，轉型為「財務建築師」的想法開始在我心中萌芽。

轉型背後，都是無數與慣性對抗，以及自我懷疑的堆疊

可是，當時臺灣的金融環境，還在二代金改，根本沒有任何財務規劃相關的資訊。我是自己從國外購買

和蒐集各種資訊，也常默默研究資料，走著一條前所未聞的路，很孤獨，也很辛苦。

除了辛苦的建立系統之外，我還需要對抗自己的慣性。怎麼說呢？從前是 Top Sales 的我，介紹金融商品很常順著客戶需求就可以信手拈來，這個「從前令我成功」的慣性，使我常常出現被習慣綁架而不自知。

有些金融從業人員很適合成為財務建築師，但是無法對抗自己原有的慣性。比方說有些人雖然想轉職，但是一回辦公室之後，發現隔壁同事收了 100 萬的保單，佣金收入立刻多出 60 萬，他自然而然就被慣性給綁回去了。

有一句話是這樣說的：「一切值得做的事情，都是困難的。」身為財務建築師，要能以客戶的利益為優先，而不是將商品的收入當主軸，這是最重要也是最基本的自我定位。唯有如此，才能客觀的看待客戶的財務需求，因此，財務建築師以收取顧問費為主，而

非銷售商品的佣金收入。這一點，我們要不停的用初心去對待。

世界的變動，造成個人財務的痛點

當網路購物越來越容易、便利，因過度消費造成信用擴張以至於背負卡債、信用貸款的人也隨之增加，常聽聞購買到不適當的金融產品，當自身財務的流動性風險發生時，只能認賠贖回變現，得不償失。或者有些人對自己的財務狀況欠缺全面評估，以至於做出超過個人財務能力所能承擔的財務決策，例如購屋、購車或是借貸進行高風險投資等行為，而為此付出慘痛的代價。

遺憾的是，金融業對此種現象，未能提供正確的財務管理觀念以及對應的方法，讓社會大眾陷入財務困境而無力改變，更帶來社會沉重的負擔。

財務建築師的存在，就是要改變金融環境現況，讓

大眾在有限的財務資源下，得到專業的、客觀且中立的財務規劃服務。

你發現了嗎？「財務規劃」正好跟傳統金融思維，是天平的兩端！所以你說，做正確的事情，是不是需要很大的勇氣？所以，每次我還是得不斷回歸初心去校正自己。在轉型的過程裡，我把自己經歷的問題，轉換為系統性的思維，開發出一套「自我轉換系統」，其中包含了「自我定位、建立信念與使命」、「改變習慣的顧問式面談系統」、「可進行財務分析診斷的雲端財務規劃資訊系統」，這些都是在基礎之外，財務建築師需要修得的心法。

原本的我只想獨善其身，但是某天我突然發現，若能培養更多人加入財務建築師的行列，或許有一天，金融產業會因為我們的努力而變得很不一樣！真的能讓大眾的財務更健康，而非只是賣出商品而已，這種兼善天下的想法，就這麼開始顯化。

與財務建築師的舵手 Lidia 相遇

2014 年，Lidia 剛結束香港的國際金融證券工作，正在思索未來的生涯發展方向，我的一位學員有意招募 Lidia 加入他們壽險業。在某次與 Lidia 在咖啡廳會談時，拿出我們在跟客戶溝通「財務規劃」觀念使用的「綠點財富手冊」這個插畫本，這讓 Lidia 相當驚豔，原來財務規劃這麼理性生硬的觀念，竟然能用如此活潑感性的插畫互動，真是超出她想像的範圍。

於是，趁著學員離席的空檔，Lidia 記下手冊中綠點財務建築學苑的網址，就這樣誤打誤撞與綠點相遇了。

當時的綠點並未積極的開班授課，通常是由結訓學員口碑相傳，主動介紹同事與夥伴參加綠點的培訓課程。因此當 Lidia 尋著網址進入後，發現綠點的官網似乎沒有提供太多資訊，但她仍然不屈不撓的與綠點用電話聯繫，打了好幾次電話，終於被我接起。我告訴 Lidia，想參加培訓課程，必須與我及綠點總教練面談，才能受邀參加課程，Lidia 當下回說，既然這樣她也要

找她的老公，也就是傳崙老師一起來面談，哈哈！好像是要上擂臺比拼的感覺。

其實當時我們已經很少下山到市區面談，幾乎都是請客戶上山來，更別說是預計參加培訓的學員了。不過，因為 Lidia 如此有心，讓我覺得可以下山與這對夫妻認識聊聊，於是相約在臺北八德路上臺視大樓旁的伯朗咖啡見面。

Lidia 給我的第一印象是聰慧、很真、不做作，帶著一股女中豪傑的爽朗性格，對於財務建築師運作方式及培訓內容，有著高度興趣，當然她也順利的進入培訓課程學習。

附帶一提，該期訓練班開課的第一天，碰巧寒流來襲，上課地點位在綠點新店華城會館，海拔高度 500 米，那天戶外溫度攝氏 5 度，相信對 Lidia 來說，又是一個難忘的經驗。

越痛快花錢，越能把錢留下來

富足人生，不是擁有金錢，而是讓工作與生活成為平衡

我們幾乎是全天 24 小時待在新店山上，醒來窗邊就是無際山嵐，早晨五點我會起床慢跑，九點開始接受客戶諮詢。我的生活簡單，我們在這裡的生活節奏平穩，已幾近完成了人生夢想。

常有人稱讚我們的房子很美，與其說是豪宅，不如說是一個夢幻空間，它是一棟三層樓、建立在山邊的建築物，二樓樓梯間常能與大自然平行而視，我經過無數次，都還是會為此窗景留駐，久久無法離開；尤其是我家的香杉曲面牆，是請師傅花了一個月細細拼成，每次都引起眾人讚嘆。

我認為，身為財務規劃人士，我們的客戶為諮詢支付費用，我也應該準備一個很棒的環境，邀請客戶來到這裡，輕鬆自在的聊他們的人生。我把這個景色和生活態度分享給我的客戶。幫助了別人構建夢想，也幫助自己，這就變成一個善的循環。

我期許所有財務建築師，首要先把自己的財務打理好，如果你相信財務規劃，為何不讓自己先好起來？有了穩固的財務基礎，才有更多的能量和時間，去照顧更多的人。自此之後，你所說的每一件事、每一句話，都會是你親自做到的。

我們的個案有將近四分之一是金融從業人員本身，他們有些人的財務狀況是慘不忍睹的，所以，你該理解，財務規劃能做得好，憑藉的並非金融專業的知識量高低，而是對財務規劃專業有沒有信心、對人生藍圖有沒有清楚的輪廓，才有機會有自信有底氣，這時候，也才會形成另一個正向循環。

時代不斷變動，從我跨出舒適圈的故事中想讓你知道，唯有不斷的學習與成長，擴充自己的技能，才能真正讓自己的人生擁有更多籌碼，成為不被時代浪潮左右、走出自己道路的人。我們也希望透過這段分享，讓身為客戶的你，更了解財務建築師，而想轉職的金融從業人士，更有信心面對財務建築師的未來。

而我與孟治教練一路走來，始終如一。等待你的到來。

p.s. 有興趣的人可以看這個影片，觀賞
我家的樣子。

越痛快花錢，越能把錢留下來（附 ABC 帳戶手冊）

不想降低欲望，還想實現未來？你只需要三個帳戶

作　　者／顏菁羚
策劃協力／林欣儀

責任編輯／林欣儀、劉子韻
美術編輯／劉曜徵

總 編 輯／賈俊國
副總編輯／蘇士尹
行銷企畫／張莉滎 · 黃欣 · 蕭羽猜

發 行 人／何飛鵬
法律顧問／元禾法律事務所王子文律師
出　　版／布克文化出版事業部
　　　　　臺北市中山區民生東路二段 141 號 8 樓
　　　　　電話：(02)2500-7008 傳真：(02)2502-7676
　　　　　Email：sbooker.service@cite.com.tw
發　　行／英屬蓋曼群島商家庭傳媒股份有限公司城邦分公司
　　　　　臺北市中山區民生東路二段 141 號 2 樓
　　　　　書虫客服服務專線：(02)2500-7718；2500-7719
　　　　　24 小時傳真專線：(02)2500-1990；2500-1991
　　　　　劃撥帳號：19863813；戶名：書虫股份有限公司
　　　　　讀者服務信箱：service@readingclub.com.tw
香港發行所／城邦（香港）出版集團有限公司
　　　　　香港灣仔駱克道 193 號東超商業中心 1 樓
　　　　　電話：+852-2508-6231　　傳真：+852-2578-9337
　　　　　Email：hkcite@biznetvigator.com
馬新發行所／城邦（馬新）出版集團 Cité (M) Sdn. Bhd.
　　　　　41, Jalan Radin Anum, Bandar Baru Sri Petaling,
　　　　　57000 Kuala Lumpur, Malaysia
　　　　　電話：+603- 9057-8822　　傳真：+603- 9057-6622
　　　　　Email：cite@cite.com.my
印　　刷／卡樂彩色製版印刷有限公司
初　　版／2022 年（民 111）5 月
售　　價／598 元
ISBN ／ 978-626-7126-20-2（平裝）
EISBN ／ 9786267126219（PDF）、9786267126226（EPUB）

越痛快花錢, 越能把錢留下來：不想
降低欲望, 還想實現未來？你只需要
三個帳戶 / 顏菁羚作. -- 初版. -- 臺
北市：布克文化出版事業部出版：英
屬蓋曼群島商家庭傳媒股份有限公
司城邦分公司發行, 民 111.04-

1 冊 ; 15x21 公分

ISBN 978-626-7126-20-2（平裝）

1.CST: 理財 2.CST: 投資

563　　　　　　　　　111003797

城邦讀書花園
www.cite.com.tw

布克文化